elefante

elefante

Conselho editorial
Bianca Oliveira
João Peres
Tadeu Breda

Edição
Tadeu Breda

Assistência de edição
Natalia Engler
Luiza Brandino

Preparação
Fábio Fujita

Revisão
Eduarda Rimi
Érika Nogueira Vieira

Revisão técnica
Mariana Barreiros

Capa
Gustavo Piqueira / Casa Rex

Projeto gráfico
Lívia Takemura

Direção de arte
Bianca Oliveira

Assistência de arte
Yana Parente

Diagramação
Daniela Miwa Taira
Denise Matsumoto

Silvia
Rivera
Cusicanqui

Um mundo *ch'ixi* é possível

Ensaios de um presente em crise

Tradução
Sue Iamamoto

Em memória de Enrique Tandeter,
Olivia Harris e Ayar Quispe

1 Um mundo *ch'ixi* é possível
Memória, mercado e colonialismo 11

Contextos e diálogos 11
O assédio da diversidade 20
Encerrar o passado para inaugurar o futuro 25
Sobre a colonização intelectual 29
Hipóteses e desejos para um presente turvo 43
É possível descolonizar e desmercantilizar a modernidade? 48
Para um esboço de uma teoria *ch'ixi* do valor 54
Mercado e ritual nos circuitos da *wak'a* Potosí 64
O que fazer com o mercado? 81
Fragmentos de *yapa* em torno da noção do *ch'ixi* 95

2 Palavras mágicas
Reflexões sobre a natureza da crise presente 117

Qhipnayra: o presente dialético como subversão do passado 120
Imagens para uma crítica metafórica do progressismo 123
As oportunidades perdidas 133
Sobre o poder destituinte das mobilizações sociais 137
As oportunidades encontradas 145
O que é interculturalidade? 149

3 Oralidade, olhar e memórias do corpo nos Andes 155

Lup'iña – Amuyt'aña 155
Oralidades 157
Performances 161
Diálogo com o público 172

4 Micropolítica andina
Formas elementares de insurgência cotidiana 175

Micropolítica e memória coletiva 176
Micropolítica e política 181

5 *Jiwasa*, o individual-coletivo
Entrevista a Francisco Pazzarelli 187

Glossário 205
Referências 213
Sobre a autora 228

Um mundo *ch'ixi* é possível: memória, mercado e colonialismo

Pode-se viver sem ouro, mas não sem esperança.

— "CARMELITA ADIÓS", CANÇÃO COLOMBIANA

CONTEXTOS E DIÁLOGOS

Gostaria de iniciar estas páginas recorrendo a uma ideia que me ajudou a confirmar percepções preliminares acerca das peculiaridades da sociedade boliviana, sobretudo a partir da distância do exílio: a noção de René Zavaleta de *abigarrado*.[1] Com esse conceito, Zavaleta quis compreender a heterogeneidade de nossa sociedade em toda a sua dimensão histórica, o que ficou claro sobretudo em seus trabalhos de reflexão política, marcados pela urgência de iluminar a prolongada crise estatal desencadeada por uma sucessão ambivalente de golpes militares a partir dos anos 1960.[2] Considero que

1 A palavra *abigarrado* se refere a uma combinação de elementos desigual, heterogênea, sem harmonia e contraditória. [N.T.]

2 Ver, por exemplo, Zavaleta (2013b; 2013d).

o interesse de Zavaleta pela história da Bolívia distingue seu pensamento a respeito dos enfoques habituais do marxismo que orbitavam seu entorno. Com efeito, o *abigarramiento*, em seus escritos, é um conceito ao mesmo tempo espacial e temporal — similar à ideia *quechumara*[3] de *pacha*[4] —, ainda que ele não se atentasse a essa conexão. Explorar a matriz andina/popular do *abigarrado* e suas diferenças com o conceito de *ch'ixi* será, assim, um breve exercício de "imaginação sociológica" (Mills, 2009 [1982]), provocado pela intenção de problematizar a realidade do aqui-agora, mais do que de estabelecer genealogias ou origens.

Nem sempre foi linear o tratamento dos fatos históricos que, segundo Zavaleta, constituem nossa particularidade, ainda que em sua obra póstuma (*Lo nacional-popular en Bolivia*) essa atitude tenha sucumbido ao esforço titânico de ordenar seu relato de forma cronológica. De fato, sua matéria não se deixava ordenar facilmente. A irrupção do passado se faz recorrente; às vezes de maneira metafórica, mas sempre como juízo do (ou a partir do) presente. Ele chamava, por exemplo, de "descendentes da casta *encomendera*"[5] — uma genealogia politicamente aguda — essa elite de classe média letrada que, a partir das cúpulas dos partidos de esquerda,

3 O termo *quechumara* — junção das palavras quéchua e aimará — é um neologismo criado pelo linguista Rodolfo Cerrón-Palomino (2009) em sua obra que tem precisamente esse nome.

4 Estão sublinhadas as primeiras ocorrências de termos indígenas cujos significados constam no glossário deste livro. [N.E.]

5 A autora se refere às *encomiendas*, sistema colonial de controle das populações indígenas, no qual o *encomendero* de origem espanhola se beneficiava com os tributos pagos (na forma de trabalho ou de bens) pelos indígenas que lhe eram designados pela autoridade colonial. [N.T.]

tratava seus militantes como *pongos*.[6] Fausto Reinaga batizou esse fenômeno com o termo "*pongueaje* político", aludindo à subordinação da mão de obra servil nas *haciendas*, onde os colonos eram obrigados a dormir em turnos na porta (*punku* = porta) das casas de *hacienda*, velando pelos mínimos desejos e sonhos de seus patrões e patroas.[7]

As fontes primárias utilizadas por Zavaleta incluíam o *Memorial de Charcas* (1582), o julgamento dos rebeldes de Zárate Willka em Mohoza (1901) e o *Diário do Tambor-Mor Vargas* (1809-1825),[8] que usou livremente para formular sua noção dos "momentos constitutivos" na consciência e na práxis coletiva boliviana (Zavaleta, 2013e, p. 178-9). De forma equivalente, as "Teses de Pulacayo" (1946) e os debates da Assembleia

6 Escutamos essa e muitas outras expressões de René em suas visitas a La Paz durante a convulsionada transição democrática de 1978-1982, quando dialogava com estudantes e docentes do curso de sociologia da Universidad Mayor de San Andrés (UMSA).

7 No texto original, a autora faz uso recorrente de linguagem neutra inserindo um "x" no lugar da vogal indicativa de gênero. Esse artifício vem sendo questionado e está caindo em desuso por diversos problemas de acessibilidade. Na presente edição, optamos por buscar maneiras de manter a neutralidade dos termos nos casos em que a substituição foi possível, tentando ao máximo não retirar esta camada do texto da autora. [N.E.]

8 O *Memorial de Charcas* é um documento que contém importantes informações a respeito das reestruturações das elites inca quando da chegada dos europeus. Os rebeldes de Zárate Willka foram indígenas julgados por um massacre ocorrido no povoado de Mohoza, no contexto da Guerra Civil Boliviana (1898-1899); trata-se de um documento jurídico revelador, pois os argumentos utilizados pelo governo apoiavam-se em darwinismo social e subjugação racial, transformando em réus os povos indígenas como um todo. O *Diário do Tambor-Mor Vargas* relata sobretudo a guerra de independência da Bolívia. [N.E.]

Popular (1971),[9] ainda que não sejam "dados" inscritos como tais no texto, formam uma camada profunda do palimpsesto de conceitos de alta abstração, como os "quatro conceitos de democracia" (Zavaleta, 2013c). Na obra mais densa de seus últimos anos, a estratégia metafórico-descritiva prevalece sobre a analítico-dedutiva para estender as pontes necessárias entre realidade e pensamento.

O "prazer do texto" (Barthes, 1993 [2019]) que sua leitura provoca não é, a meu ver, produto de um talento excepcional, mas, se for, isso teria a ver com seu enraizamento em uma "língua como pátria" (Churata, 1957): lugar de enunciação inscrito em um espaço-tempo e uma paisagem concretos. Um lugar em que as imagens, os corpos e as trajetórias remetem, de forma recorrente, ao passado mais remoto — seu livro póstumo alude à domesticação das plantas como momento constitutivo primordial — através de eventos, práticas ou linguagens cotidianamente vividos no presente. No entanto, o obsessivo pensamento do estado-nação[10] como único sujeito/espaço capaz de acomodar o ato coletivo da revolução/renovação

9 As "Teses de Pulacayo" são um manifesto de cunho trotskista aprovado pelo Sindicato dos Trabalhadores Mineiros da Bolívia, em defesa da revolução proletária, da estatização não indenizada das minas e da luta contra o imperialismo. A Assembleia Popular ou Comuna de La Paz foi uma iniciativa de democracia direta do movimento sindical boliviano, que ocupou o Parlamento em 1971, ocasião em que diversos setores da esquerda debateram o anti-imperialismo, o controle operário da produção e a criação de um governo popular e proletário. Foram derrotados por um golpe de Estado apoiado por Estados Unidos e Brasil naquele mesmo ano. [N.E.]

10 No texto original, a autora se refere ao "Estado" com letra minúscula em diferentes passagens. Decidimos manter, nesta edição, sua escolha. O mesmo se aplica a "Exército", "Sul global", "Revolução Francesa", "Revolução de 1952" e "planeta Terra", todos grafados

foi uma camisa de força para a imaginação experimental que fulgura em seus escritos. A militância, consequência prática dessa ideia, ainda que o tenha ajudado no exílio a manter seus nexos vitais com a pátria, não pôde lhe dar os insights necessários para pensar o político, e creio que acabou por provocar nele uma espécie de bloqueio epistemológico. Um magma de ideias contraditórias o atormentava e, ainda que ele não tenha terminado de lhes dar coerência em seu trabalho inconcluso, *Lo nacional-popular en Bolivia*, hoje este é lido como obra finalizada, e suas palavras são convertidas em receita teórico-política.

Zavaleta foi militante do Movimiento Nacionalista Revolucionario (MNR) quando muito jovem e acompanhou o regime até sua queda em 1964.[11] Na abertura democrática propiciada por Ovando e Torres (1969-1971), teve uma breve passagem pelo Movimiento de Izquierda Revolucionaria (MIR), um partido de classe média que queria conjugar a memória de 1952 com as formulações da esquerda althusseriana. Sua fase marxista o levou a um desastrado encontro final com o Partido Comunista, ainda que a limitação de suas ideias costumasse lhe inspirar comentários sarcásticos. Assim, a bricolagem que

---

com inicial minúscula no original e, portanto, também na presente tradução. [N.E.]

11 O MNR foi protagonista central da Revolução Nacional de 1952 na Bolívia, que começou como um golpe em resposta à anulação das eleições de 1951, vencidas por Víctor Paz Estenssoro, candidato do MNR. Em alguns dias, setores populares tomaram ruas e centros de mineração, derrotando o Exército e levando o MNR ao poder. As principais políticas levadas a cabo pelo MNR foram: voto universal, nacionalização das minas de estanho e reforma agrária. Em 1964, o presidente Paz Estenssoro (então cumprindo seu segundo mandato) foi derrubado pelo vice-presidente, o general René Barrientos Ortuño. O regime de Barrientos durou até a sua morte, em 1969. [N.T.]

caracteriza seus textos mais interessantes resulta de uma justaposição combinada de leituras gramscianas, intervenções políticas, historiografia social e uma prolongada imersão no debate intelectual latino-americano. As transformações que viveu e pensou tiveram ritmos desiguais, sempre sob a marca de fatos sociais contundentes, como a radicalização mineira dos anos 1960-1970 ou a irrupção katarista aimará nos anos 1980.[12] Ainda que não tenha vivido a submissão neoliberal nem o "bem viver" dos mal viventes do Movimiento al Socialismo (MAS),[13] no conjunto de sua obra abundam ideias pertinentes para o confuso tempo atual, ideias nas quais acredito ser necessário intervir para que sejam reatualizadas e, claro, criticadas. Isso se justifica porque a escrita teve, mesmo para ele, um efeito de eclipse sobre sua palavra falada. Zavaleta não só nunca perdeu seu sotaque inconfundível de Oruro como também conseguiu contagiar muitos colegas com seus modismos e construções paródicas, algo próximo do que hoje chamamos de "metafísica popular". As experiências de sua

12 O movimento katarista emergiu no final da década de 1960, unificando setores indígenas camponeses e urbanos do Altiplano boliviano, sobretudo no departamento de La Paz. O katarismo reafirmava o caráter étnico dessas populações e exerceu um papel muito importante na refundação do sindicalismo camponês no final da década de 1970, pois denunciava sua subordinação aos regimes militares. Sua inspiração era o herói aimará Tupaq Katari, líder de uma massiva rebelião indígena no final do século XVIII (paralela à de Tupaq Amaru em Cuzco), que cercou a cidade de La Paz por vários meses. [N.T.]

13 Aqui, a autora se refere ao período entre 1985 e 2005, considerado marco da implementação do neoliberalismo na Bolívia, sobretudo a partir das reformas aplicadas pelo terceiro mandato de Víctor Paz Estenssoro (1985-1989). Em seguida, refere-se ao MAS, partido de Evo Morales, que governou a Bolívia entre 2006 e 2019. [N.T.]

tenra juventude e, sobretudo, esse *castimillano*[14] de Oruro, marcado pela gíria mineira, tiveram uma influência duradoura, mesmo que não consciente, em sua maneira de compreender a realidade. Em Oruro, Potosí e outras cidades mineiras de população falante de quéchua, é dado o apelido de ***ch'iqchi*** (cinza manchado) ao mecânico ou torneiro que se ocupa da manutenção da maquinaria. Esse termo quéchua é o equivalente do *ch'ixi* aimará e ilumina muito bem um aspecto crucial do *abigarrado*. Na abordagem zavaletiana, a curiosidade pelos xistos mineiros (fragmentação e mescla de minerais resultantes de movimentos tectônicos de diversas épocas geológicas) ecoa na imagem das manchas e veias sociais de profundidade histórica diversa entremeadas agonicamente, que, por vezes, ele vê como um atributo constitutivo, mas também como disjunção crítica que é preciso superar:

> Se falamos que a Bolívia é uma formação *abigarrada*, é porque aí não somente as épocas econômicas foram sobrepostas [...] sem se combinarem demasiadamente, como se o feudalismo pertencesse a uma cultura, e o capitalismo, a outra e, entretanto, ocorressem no mesmo palco, ou como se houvesse um país no feudalismo e outro no capitalismo, sobrepostos e não combinados, senão minimamente, [...] verdadeiras densidades temporais mescladas, não obstante, não somente entre si da forma mais variada mas também com o particularismo de cada região, porque aqui cada vale é uma pátria, em uma composição em que cada povoado veste, canta, come e produz de um modo particular e fala todas as línguas e sotaques diferentes sem que uns ou

14 O *castimillano* é uma denominação irônica que os falantes do aimará aplicam ao "castelhano popular andino" como variante dialetal do castelhano oficial.

outros possam se chamar por um instante a língua universal de todos. (Zavaleta, 2013d, p. 103-4)[15]

A disjunção política que esse fato supõe é vista por Zavaleta como um bloqueio à "quantificação uniforme do poder", condição que considera imprescindível para o exercício da democracia e para a formação de uma sociedade política nacional moderna. Isso também denuncia a continuidade de um olhar linear e progressista da história, centrado no estado, no desenvolvimento da indústria pesada e no capitalismo estatal. Essa é precisamente a veia que foi apropriada pela intelectualidade *masista*,[16] em continuidade com os sonhos industrializantes da revolução nacional, que Zavaleta nunca abandonou.[17]

Em contraste com a noção de *abigarramiento*, a noção da epistemologia *ch'ixi*, que elaboramos coletivamente,[18] é, sobretudo, o esforço de superar o historicismo e os binarismos da ciência social hegemônica, lançando mão de conceitos-metáfora que, por sua vez, descrevem e interpretam as complexas mediações e a heterogênea constituição de nossas sociedades. Se, nos anos 1970 e 1980, o debate intelectual pressupunha a iminente homogeneização ou hibridação cultural das sociedades latino-americanas,

15 Nota tomada de "Las masas en noviembre". Devo essa referência a Mauricio Souza, grande leitor e editor de Zavaleta, que também me falou sobre a origem mineiro-metalúrgica do termo *abigarrado*.

16 Referente ao partido MAS. [N.T.]

17 Esse fenômeno mereceu um comentário crítico preciso de Carlos Crespo em sua palestra "Olvidar a Zavaleta", apresentada em Sucre na mesa "Anarquismo, comunitarismo y autonomías en Abya-Yala", no encontro da Asociación de Estudios Bolivianos, em julho de 2017.

18 Ver *Principio Potosí reverso*, obra coletiva coordenada pela autora e por El Colectivo (Rivera Cusicanqui & El Colectivo, 2010).

desde meados dos anos 1990 vivemos a irrupção múltipla de passados não digeridos e indigeríveis. As lutas indígenas, as lutas feministas e as lutas ambientais são um pesadelo para os tratados de livre-comércio que se tenta impor à risca em todo o continente, e para outros tantos delírios eurocêntricos que desejam uma fabricação global do humano. Para bem ou para mal, o assédio da diversidade parece estourar com "fúria acumulada" (Bloch, 1971) em alguns momentos, em demandas que afirmam a alteridade radical de seus portadores, mas que, por sua vez, tocam em temas comuns à espécie: o alimento, a saúde, a sexualidade, a água, a terra, a floresta, o mundo animal ameaçado de extinção... Traduzidos à esfera pública como "direitos à diferença" e "direitos da natureza", as novas linguagens dos movimentos e intelectuais indígenas, ecologistas ou feministas não tardarão em sucumbir aos esquemas normalizadores do capitalismo verde e a suas políticas estatais se não formos capazes de ir além da pura teorização — ao mesmo tempo que a aprofundamos — para enfrentar, com outros gestos e ideias, a gravidade dos dilemas do presente.

Nas páginas a seguir, a formulação inicialmente oral de minhas propostas relativas ao mundo *ch'ixi* se converteu no desafio de estruturar e dotar com um fio de coerência uma série de ideias, exemplos e alegorias que foram apresentados de maneira desordenada e livre em um contexto de cumplicidade intelectual e política, precedido por longas amizades e inquietudes compartilhadas.[19] Nesse diálogo múltiplo e intenso,

19 A versão oral deste texto surgiu em um colóquio realizado na Universidad Nacional Autónoma de México (Unam), Cidade do México, entre 14 e 18 de novembro de 2011. O evento foi organizado pelo Seminário Modernidades Alternativas, que é coordenado por Márgara Millán e Daniel Inclán, e se baseou em quatro grandes temáticas: "Pensar e praticar a descolonização" (diálogo com Pablo

ressoaram palavras de Fausto Reinaga, René Zavaleta, Bolívar Echeverría, Walter Benjamin e tantos outros, misturadas com vozes, passagens e memórias índias[20] das mais diversas raízes.

O ASSÉDIO DA DIVERSIDADE[21]

Uma colagem de citações de três autores precedeu como epígrafe uma reflexão que fiz nos anos 1990 sobre a não contemporaneidade da cena social andina, mostrando claramente a condição multitemporal da heterogeneidade social que vivemos em nossos territórios.[22] Jaime Mendoza, o último "polígrafo" boliviano (médico, geógrafo, romancista e político), dizia em 1935: "Por vezes, até em um mesmo lugar, há

Mamani, Sylvia Marcos e Xuno López Intzin); "Existe também o mundo *ch'ixi*", "É possível descolonizar e desmercantilizar a modernidade?" e "A aposta por uma modernidade índia". Os áudios originais desses quatro eventos, que foram rigorosamente transcritos e anotados por Marath Bolaños, da Unam, foram reordenados, corrigidos e complementados.

20 A autora prefere o uso da palavra "índio" ao termo mais neutro "indígena". Como explicará na entrevista transcrita no final deste livro, ela cita uma liderança aimará que dizia: "Se nos oprimiram como índios, como índios nos libertaremos". [N.T.]

21 Nessa paráfrase, inverto o título de um livro em homenagem ao crítico literário peruano Antonio Cornejo Polar, porque considero que não é o pensamento que assedia as realidades heterogêneas do continente, mas sim que este é assediado por elas (Mazzotti & Zevallos Aguilar, 1996).

22 "Democracia liberal y democracia de *Ayllu*: El caso de norte de Potosí, Bolivia" foi publicado originalmente na coletânea *El difícil camino de la democracia*, do Instituto Latinoamericano de Investigaciones Sociales (Ildis) (La Paz, 1990), e reeditado em Rivera Cusicanqui (2010c).

uma aglomeração de elementos incongruentes, sobreposições extravagantes. O pré-histórico se junta com o atual. As idades se dão as mãos [...]. Aí está a razão pela qual a Bolívia sofre de maiores dificuldades que outros países para chegar à sua definitiva constituição" (Mendoza, 1972).

Mendoza foi um pensador que sentia e percorria a geografia do país como experimentação simultaneamente social e subjetiva. A angústia gerada pela guerra e pela derrota do Chaco (1932-1935)[23] se mostrou patente em *El macizo boliviano*, e, de seu encontro com povos Guarani, Aimará e Quéchua, surge uma imagem de efetiva não contemporaneidade: a justaposição de espaços, populações e culturas que pareceram emergir do âmago de outros tempos. Em *O labirinto da solidão*, Octavio Paz expressou a mesma ideia, mas enfatizando o seu rastro de dor:

> [em nossos territórios] várias épocas se defrontam, se ignoram ou se entredevoram, numa mesma terra ou separadas por apenas alguns quilômetros. Sob um mesmo céu, com heróis, costumes, calendários e noções morais diferentes, vivem "católicos de Pedro, o Ermitão, e jacobinos da era terciária". As épocas ancestrais não desaparecem nunca e todas as feridas, mesmo as mais antigas, ainda minam sangue. (Octavio Paz, 2002 [2006, p. 15])

Nos anos 1970, o sociólogo britânico Andrew Pearce publicou uma compilação de estudos sobre a questão agrária intitulada *The Latin American Peasant* [O camponês latino americano],

23 A Guerra do Chaco opôs Bolívia e Paraguai entre 1932 e 1935, na disputa por um território considerado rico em reservas petrolíferas e que garantiria à Bolívia melhor acesso ao Oceano Atlântico. Apesar de dispor de um exército menor, o Paraguai conseguiu manter a maior parte do território sob disputa no final da guerra. Centenas de milhares de bolivianos foram mobilizados para o front. [N.T.]

que incluía seu trabalho sobre a reforma agrária boliviana. Ali, ele percebe o aqui-agora como um estrato de temporalidade marcado pelo fato colonial:

> O presente cronológico assume frequentemente a aparência de um afloramento rochoso e estratificado, do qual participam diversas formações do passado histórico, especialmente quando, apesar de 150 anos terem se passado desde a independência republicana, a esfera social exibe um caráter colonial, seja por estancamento, seja por regressão, seja por preservação deliberada. (Pearce, 1975)

Dos arcaísmos sociais, sua leitura destaca que a opressão latifundiária e a subordinação camponesa ao estado populista preservam deliberadamente os restos não digeridos do passado e os enxertam em novas formas de dominação, em regressões surpreendentes que põem em dúvida a emergência de uma "nação possível", ou mesmo de uma esfera pública capaz de tolerar as diferenças.[24]

24 Conheci Andrew Pearce em La Paz no período crítico em que se sucediam golpes de estado e breves interregnos democráticos (1978-1980). Ele me ajudou a sair da prisão às vésperas do golpe de García Meza e a conseguir trabalho no Cinep de Bogotá, nos anos de exílio (1980-1982). Visitei-o em um hospital rural próximo a Londres antes da sua morte e ali descobri que sua esposa era afro-caribenha e que tinha uma bela filha *mestiza*. Escrevi para ele um poema que depois perdi, só me lembro de descrevê-lo como um "negro de pele branca". Sabendo que morria de câncer, ele me disse, quando nos despedíamos: "Vou dedicar os próximos anos da minha vida a compreender o Carnaval do Caribe". Essa mistura de sangues e ritmos em sua alma me permite valorizar seu talento para descobrir os fios da trama colonial nas sociedades latino-americanas.

Mendoza nos anos 1930, Paz nos anos 1950, Pearce nos anos 1970 e Zavaleta nos anos 1980 coincidiram em suas interpretações do social enunciadas a partir das urgências de seu(s) presente(s), sob a intuição tenaz de que a heterogeneidade e os anacronismos sociais são fatos contundentes, mas também problemáticos e de difícil inteligibilidade. Em meu próprio trabalho inicial, recorri à ideia de Ernst Bloch (1971) sobre as "contradições não coetâneas" para compreender a violência colombiana da década de 1950 (Rivera Cusicanqui, 1982) ou o katarismo-indianismo dos anos 1970 na Bolívia (Rivera Cusicanqui, 2003), com suas camadas de memória "curta" e "longa" entrelaçadas nos discursos radicais de interpelação ao estado nacional populista e ao conjunto da esquerda *criolla*.[25]

Essa constelação de ideias, autorias e temporalidades diversas poderia ser vista como uma reação, desde o *chuyma* e o *amuyt'awi* às racionalizações de corte estrutural e nacionalista, próprias do debate marxista e/ou multicultural latino-americano. Assim, a ideia althusseriana de "articulação dos modos de produção" quis se encarregar da heterogeneidade em qualquer "formação social concreta" (entenda-se: estado-nação) e terminou por inserir as sociedades realmente existentes na camisa de força das taxonomias e "práticas teóricas" de validade política duvidosa e consistência ética nula (Tandeter, 1978).

O racionalismo hiperbólico desses anos foi uma espécie de obscurantismo, e a aproximação entre pesquisadores e pesquisados (se por acaso deixassem seus escritórios) deu lugar às mais grosseiras instrumentalizações. Se falo no tempo passado é porque busco descrever a atmosfera intelectual em que pensamentos marginais como os desses autores (entre

25 Pessoa branca e de origem europeia nascida nas colônias espanholas na América. [N.T.]

os quais me incluo) vieram à tona de forma pouco destacada ou, inclusive, abertamente desdenhada. Mas é evidente que tais gestos de instrumentalização racionalista continuam asfixiando nossos povos e bloqueando o pensamento crítico, tanto nas universidades quanto na esfera pública e no debate político — com a agravante de que hoje o fenômeno se exacerbou em uma profusão de declarações missionárias pelo "desenvolvimento" e pela "mudança", que buscam encobrir os núcleos mais duros do *éthos* colonial: moral dupla, autoritarismo e atos flagrantes de perversão ética, todos sinalizando uma falta de lucidez política irresponsável.

Um indício das insuficiências do marxismo latino-americano dos anos 1970 era a abundância de adjetivações, prefixos e aspas na hora de aplicar conceitos extraídos de seu *corpus* clássico: falava-se de espaços "pré" ou "sub" ou "proto" capitalistas (agora está na moda o "pós"), também de comunidades, fazendas e formações mercantis *sui generis*, que não se encaixavam em nenhum "modo de produção". Os esforços por disciplinar nossa diferença e por obliterar nossas supostas "anomalias" tropeçaram — e seguem tropeçando — em uma heterogeneidade proliferante, que se renova e se radicaliza a cada passo. Era como se vivêssemos em sociedades descontínuas, inconclusas e em permanente estado de ebulição. E, até hoje, a "grande teoria" e o "empirismo abstrato", que caracterizaram o pensamento social hegemônico por décadas,[26] continuam imperando; com isso, amplia-se a cisão ética e política entre o povo e seus intelectuais. Esse povo — *abigarrado* e tumultuoso — é, hoje, um conjunto fragmentado de populações,

26 Faço alusão aqui ao diagnóstico realizado nos anos 1950 pelo sociólogo C. Wright Mills sobre a ciência social norte-americana, que se mostra pertinente para além da época e do lugar do registro original (Mills, 2009 [1982]).

comunidades e organizações de base profundamente penetradas pela lógica clientelista que vem de cima, mas capazes de sair da letargia, retomando a sua trajetória histórica de combatentes pela vida, pela memória e pela diversidade das diferenças. E é assim que, mesmo fragmentadas, essas formações *abigarradas* do mundo indígena/popular seguem caminhando com o passado ante os olhos e o futuro às costas.

ENCERRAR O PASSADO PARA INAUGURAR O FUTURO

No ensaio visual "(Des)andando por la calle Illampu",[27] tentei dar conta das formas confusas da heterogeneidade multitemporal boliviana, registrando em fotografias, ao longo de dez anos, a destruição de uma antiga rua da minha cidade. No processo de elaborar a parte escrita do ensaio, tive de resistir ao gesto nostálgico e esteticista que eventualmente me capturava, e elaborar, partindo dessa mesma nostalgia, uma leitura crítica dos processos de modernização urbana que vivemos nos duros anos do neoliberalismo. Desde a década de 1970, a título de modernizar a Rua Illampu, foram demolidos, um a um, os casarões e os *tambos*[28] erigidos pela elite comercial indígena

27 O ensaio visual performativo "(Des)andando por la calle Illampu" foi exposto como performance em diversas ocasiões: Nova York (2001), La Paz (2003-2016), Quito (2010) e várias outras. Em cada versão, tanto o texto quanto a atuação sofreram ligeiras mudanças, em atenção ao contexto geo-histórico e político de enunciação.

28 Os *tambos* eram paradas em caminhos pré-hispânicos nas quais os viajantes descansavam e trocavam produtos e conhecimentos. Foram incorporados ao sistema colonial de serviços gratuitos dos *ayllus* [comunidades indígenas] para dar fluidez às transferências comerciais de longa distância. Em La Paz, os *tambos* eram construções

e *chola*[29] dos séculos XVIII e XIX. Esses imponentes edifícios de três pátios — feitos de adobe grosso e telha por mestres de obra indígenas, que adaptaram as técnicas coloniais aos seus saberes milenares — foram arrasados em nome de um delirante projeto urbanístico que converteu a Illampu em um túnel de cubos de concreto baratos e gosto estético "modernista", imitativo e caricaturesco.[30]

---

grandes, que serviam como hospedagem e mercado para a população das comunidades andinas que levavam seus produtos às cidades. Alguns deles passaram a ser propriedade privada dos caciques ou *mallkus* coloniais (autoridades étnicas), como é o caso do *tambo* Kirkinchu, hoje patrimônio histórico do município de La Paz.

29 Segundo Barragán (1992), *cholo* é uma identidade "emblemática" surgida na época colonial, que perdura até hoje, e diz respeito a indivíduos de origem indígena que abandonaram seu modo de vida tradicional, mas mantiveram muitos dos elementos de sua identidade indígena. O termo *cholo*, no masculino, é com frequência usado em tom depreciativo para se referir ao trabalhador popular urbano. No feminino, não há essa interpretação negativa; *chola* pode se referir à trabalhadora autônoma ou trabalhadora doméstica, podendo também ter conotação positiva quando no diminutivo (*cholita*). Enquanto o *cholo* não utiliza nenhum símbolo identitário, a *chola*, por sua vez, utiliza como emblema longos cabelos trançados de forma especial e vestimenta tradicional (*pollera*, manta bordada, *awayo* e, a partir do século XIX, chapéu-coco). [N.E.]

30 Devo esclarecer que, quando organizei este ensaio pela primeira vez (2001), ainda não havia surgido o estilo arquitetônico dos "cholets", que já não é uma arquitetura imitativa, e sim expressa a justaposição contenciosa de formas e desenhos andinos com técnicas e insumos modernos. Este é também um resultado do "processo de mudança" [reivindicado pelo governo de Evo Morales], se o concebemos como um processo epistêmico, experimentado a partir das revoltas de 2000 e 2005. Hoje se expressa na criatividade, na originalidade e na maneira *chicha* [forma cultural híbrida entre o europeu e o andino] de desenhar e construir edificações, como

No ensaio fotográfico, busco redescobrir as marcas do passado que se aninharam atrás dos muros de adobe da Illampu — na realidade, vários passados, que vão desde o senhorial ao índio — e projetá-las no futuro da rua (um fracasso urbanístico à vista). Também queria imaginar as reatualizações que se inscrevem no plano de fundo dos espaços aparentemente modernos que hoje habitam a rua. Antes de sua demolição, os casarões e os tambos da Illampu se democratizaram graças à sua deterioração: converteram-se em cortiços, pensões impossíveis de manejar no nível jurídico. Seus proprietários os venderam como último recurso para expulsar seus ocupantes — artesãos, comerciantes, viajantes e andarilhos —, que haviam recriado comunidades urbanas de inserção vital na economia e nas lutas sociais da cidade. A existência desses espaços, subdivididos caoticamente, serviu de argumento patrimonialista — e de razão capitalista — para destruir os casarões. Paradoxalmente, essa destruição só serviu para obliterar a fase democrática de sua ocupação — a do cortiço —, e assim ressurgiram sintagmas coloniais mais remotos, como trabalho servil e exotização. Hoje, a Rua Illampu é repleta de agências turísticas que oferecem viagens de aventura para as selvas e salares com o intuito de observar selvagens ou experimentar o inabitável. Nos andares intermediários, instalaram-se hotéis para todos os bolsos, e, nos superiores, foram construídos apartamentos para as classes médias arrivistas, cujos símbolos de distinção são o consumo ostentoso e a figura da "doméstica" ou trabalhadora do lar, a qual é confinada em

---

expressão barroca de uma nova mentalidade coletiva. Essa mudança cultural foi possível, sem dúvida, pelos processos de acumulação econômica em setores populares a partir de atividades semilegais, como o contrabando, que se ampliaram na última década.

"quartos pela metade, para pessoas pela metade". A modernidade de fachada esconde a reprodução de velhas lógicas, que, além disso, pesam como má consciência cultural, já que seus habitantes costumam dançar com os chamativos trajes indígenas nas "entradas folclóricas" que passam por essa rua rumo ao centro da cidade.[31]

Quantos paradoxos revelam essas histórias ou alegorias sociais! O arcaísmo se funde no subconsciente e só emerge em explosões (festivas ou rebeldes) que desafiam a inteligibilidade do real. Costuma-se pensar que, quando os anacronismos sociais são resguardados, segregados ou espetacularizados, seus efeitos/afetos são conjurados, mas isso não acontece. A destruição da modernidade comercial cholo-índia da cidade do passado — a modernidade *ch'ixi* — abriu espaço para uma modernidade pastiche e uma cultura ***pä chuyma***, presa em uma situação de *double bind*.[32] Os fluxos do mercado interno que a

31 As entradas folclóricas são desfiles de rua formados por diversos grupos e fraternidades de danças e ritmos tradicionais, como a *morenada* e a *diablada*. Marcam celebrações religiosas ou sociais, como a Entrada do Gran Poder e a Entrada Universitária em La Paz. [N.T.]

32 No glossário de meu livro *Sociología de la imagen: miradas ch'ixi desde la historia andina*, defino essa ideia assim: "*Double bind* é um termo cunhado pelo antropólogo Gregory Bateson para se referir a uma situação insustentável de 'dupla obrigação' ou 'imperativos antagônicos'. Isso ocorre quando 'há dois imperativos em conflito, e nenhum pode ser ignorado, o que deixa a vítima diante de uma disjuntiva insolúvel, pois qualquer uma das duas demandas que queira atender anula a possibilidade de atender a outra'. Aqui usamos a tradução aimará *pä chuyma* para nos referir à 'alma dividida', literalmente 'dupla entranha' (*chuyma*). Se eliminarmos os tons moralizantes dessa expressão, teríamos exatamente uma situação de *double bind*. Denominamos o reconhecimento dessa duplicidade e a capacidade de vivê-la criativamente de 'epistemologia *ch'ixi*',

animaram se viram substituídos por uma espécie de extrativismo simbólico de corte colonial, que alimenta os circuitos globais de depredação e intercâmbio desigual. No âmago de um processo de modernização — econômica, estética e urbanística —, a sociedade vive uma regressão. A fase popular/democrática do passado e seus protagonistas cedem aos circuitos globais — ou tentam penetrar neles —, sem conseguir desmontar os mecanismos que conduzem à reativação do jugo colonial. Tal situação, repleta de incertezas e incoerências, é a que pretendo abordar ao caracterizar o índio como moderno e o mundo *ch'ixi* como uma epistemologia capaz de se nutrir das aporias da história, em vez de fagocitá-las ou negá-las, ecoando a política do esquecimento.

SOBRE A COLONIZAÇÃO INTELECTUAL

Voltemos ao diálogo teórico mencionado na abertura destas páginas, elaborando a genealogia de outra ideia forte que, ao mesmo tempo, incorpora e supera o horizonte do *abigarrado*. Trata-se de reconhecer o colonialismo como uma estrutura, um *éthos* e uma cultura que se reproduzem dia após dia em suas opressões e silenciamentos, apesar das sucessivas tentativas de transformação radical que pregam as elites político/intelectuais, seja na versão liberal, seja na populista, seja na

---

que incentiva habitar a contradição sem sucumbir à esquizofrenia coletiva. É justamente como Gayatri Spivak define *double bind*: 'Um ir e vir elíptico entre duas posições de sujeito das quais ao menos uma delas ou geralmente ambas se contradizem e, ao mesmo tempo, se constroem entre si'. Segundo ela, isso nos permitiria 'aprender a viver em meio a imperativos contraditórios'" (Rivera Cusicanqui, 2015b, p. 326).

indigenista/marxista. Na América Latina, o contexto do descobrimento da problemática colonial foi, não casualmente, contemporâneo à gestação de um novo dispositivo de dominação mundial no ideologema do "desenvolvimento". Em plena guerra fria, em Washington, o presidente do Banco Mundial, Robert McNamara, associava essa noção à corrida armamentista e aos interesses estratégicos de seu país no "hemisfério",[33] enquanto se davam, simultaneamente, do outro lado do Atlântico, intensos processos de descolonização e lutas armadas de libertação nacional. De composição tribal, nacionalista e/ou marxista, os exércitos guerrilheiros africanos não conseguiram desmantelar as condições objetivas/subjetivas do colonialismo. O trauma de terem sido atravessados — tanto em seu *chuyma* quanto em seu território — pela disjunção entre serem súditos ou cidadãos (Mamdani, 1996) talvez tenha sido uma das razões para tal fracasso. Assim, uma série de regimes autoritários e guerras intestinas acabaram com os tecidos comunitários que sustentavam materialmente as guerras de libertação, cujos líderes seguramente não puderam compreender seus sentidos práticos (Bourdieu, 2007 [2009]) nem seus modos de fazer política, muito menos atuar em conformidade com estes. Tragicamente, os intelectuais e políticos africanos não parecem ter vislumbrado formas mais equitativas e duradouras de estruturar a ordem social e ética em suas complexas sociedades multiétnicas.

33 Robert McNamara foi presidente do Banco Mundial entre 1968 e 1981, e incrementou notavelmente o orçamento e a burocracia dessa entidade, inundando os "países em vias de desenvolvimento" com onerosos empréstimos para que fossem mais eficazes na "luta contra a pobreza".

Não é um dado menor o fato de que, aqui, a obra de Frantz Fanon (1963 [2022]; 1965 [2021]) e de outros pensadores alternativos que teorizaram a experiência da descolonização africana tenha chegado a nós graças a Fausto Reinaga, um intelectual índio *ch'ixi* que desafia o eurocentrismo com uma voz simultaneamente ancestral e moderna.[34] Sua inquietude vital está ancorada na experiência do insulto racial, na negação e no despojo. Reinaga denuncia a natureza, tanto material quanto mental, do sistema de dominação, que expropria e privatiza as energias laborais, recursos e florestas e que também usurpa pensamentos, ideias e palavras. Foi por ter lido Reinaga antes de muitos outros que dei uma volta pela obra de González Casanova (1969), Balandier (1973) ou Sartre (prólogo a Fanon, 1963 [2022]), os quais também escavavam o assunto colonial segundo suas próprias perspectivas críticas. Já Stavenhagen, discípulo do primeiro, tentará traduzir esses conhecimentos novos à linguagem das políticas públicas globais. E nem há o que dizer de Mignolo e companhia, cujo trabalho desde os anos 1990 foi o de criar satrapias[35] acadêmicas nas universidades mais elitistas do norte, vendendo a suas novas audiências a

34 Coincido, nesse ponto, com Gustavo Cruz (2015), que faz uma reflexão detalhada sobre a triangulação África-Reinaga-Indianismo.

35 Satrapias eram as antigas províncias do Império Persa. Quando este foi colonizado pelos ingleses, os governantes foram instalados como se fossem independentes, autônomos, mas eram manejados pelos ingleses. Ou seja, é uma metáfora daquele que aparenta ser autônomo, mas é manejado por outro. Aqui, a autora usa a palavra como metáfora para a criação artificial de "feudos" ou "protetorados" acadêmicos. [N.T.]

ideia da descolonização, rebatizada como "pós-colonial" ou o "de(s)colonial".[36]

Para nós, a marca de Reinaga foi um lampejo de consciência a partir do aqui-agora crítico dos anos 1960-1980; um jogo de ecos com uma África que desconhecíamos, mas que sentíamos próxima a nossas aspirações e conflitos. O súbito desvendamento de que a opressão colonial não cessou, de que as feridas mais antigas vertem sangue, mas também incubam fúria e anseios de revanche, foi como um relâmpago de tensão ante a realidade circundante. Observando do presente, sabemos que a luta anticolonial africana não pôde vislumbrar, compreender nem enfrentar os perigos de regressão e de derrota (entenda-se: recolonização) que suas sociedades *abigarradas* incubaram. Algo parecido estava ocorrendo na Bolívia com os sucessivos tropeços e fracassos da esquerda nacionalista marxista.

Em vários trabalhos anteriores, refleti sobre esses aspectos não conscientes e internalizados do colonialismo, e o fiz a partir de minha perspectiva de mulher, que associa as opressões da invisibilidade, da violência e do desprezo àquelas sofridas por irmãs e irmãos indígenas do campo e da cidade e por trabalhadores braçais e pessoas comuns em geral (Lehm Ardaya & Rivera Cusicanqui, 2013; Rivera Cusicanqui, 2010a). A experiência de viver junto, contra ou ao lado de figuras da luta política que pertencem ao mundo das "pessoas de cor" me ofereceu ensinamentos que não identifico nas reflexões de um Zavaleta ou um Balandier, mas que dialogam com Fausto Reinaga, Franz Tamayo, Gamaliel Churata, Jaime Mendoza e muitos outros pensadores *ch'ixis* da minha região. O maior

36 Ver minhas reflexões críticas sobre essas posturas em Rivera Cusicanqui (2010c).

deles é o reconhecimento da condição colonizada das elites políticas/intelectuais: uma radiografia de nós mesmos que nos faz ver as formas e os gestos do *mestizaje* colonial andino[37] que herdamos e que nos constituíram (Rivera Cusicanqui, 2010c). A partir desse diagnóstico sombrio, contudo, suas obras nos fornecem chaves singulares e numerosas para ir ao encontro dessas faíscas de *amuyt'awi* descolonizador que este tempo exige.

Em *Creación de la pedagogía nacional*, Tamayo aborda de modo autocrítico a miscigenação boliviana como uma síndrome psicológica da encruzilhada, que ele nomeia com o termo *bovarismo*, inspirado nas leituras que fizera do romance *Madame Bovary*, de Flaubert. Essa noção me servirá como metáfora para compreender o bloqueio que nos impede de mantermos viva a memória de nossa própria herança intelectual.[38] Pois

37 Apesar de fazer referência à mistura de raças, como o vocábulo "mestiçagem" em português, o termo *mestizaje* tem uma conotação específica no contexto boliviano e se refere também a um processo de aculturação forçada das populações indígenas. Na Bolívia, o termo *índio* foi apagado da linguagem oficial, e se institucionalizou o termo *campesino*. Mecanismos do Estado revolucionário de 1952, como a escola pública universal, serviram para difundir essa política até os indígenas das cidades do ocidente do país. [N.E.]

38 Ao falar de nossa herança intelectual, refiro-me especificamente à Bolívia, mas é certo que essa proposta de genealogia própria já foi feita, e continuará sendo feita, em outros países da América Latina. O problema da colonização intelectual é que somente conhecemos a trajetória do pensamento anticolonial nos países-irmãos por meio da academia ianque ou europeia, e, o que é ainda pior, quase não nos lemos entre nós. Uma descolonização intelectual teria de começar por criar uma vasta biblioteca virtual que possa difundir essas genealogias próprias a partir de cada região. O concurso recente do Conselho Latino-Americano de Ciências Sociais (Clacso) sobre o "pensamento social latino-americano", lançado em 2015,

é paradoxal e lamentável que tenhamos de legitimar nossas ideias recorrendo a autores que tornaram moda os assuntos do colonialismo, desconhecendo ou ignorando trabalhos teóricos anteriores que, ainda que não tenham usado as mesmas palavras — e mesmo quando as usaram —, puderam interpretar e interpelar a experiência colonial e, particularmente, a colonização intelectual das elites (hoje rebatizada de "colonialidade do saber") com atrevimento e veracidade.

Tamayo chamava de bovaristas os pedagogos e intelectuais de escrivaninha, que importavam métodos de ginástica sueca e programas educativos franceses para instalar no país formas de ensino elitistas e imitativas, modernas só em aparência. De seu lugar como poeta de prestígio (embora sombrio e mal compreendido), com rigor argumentativo e gesto polêmico, esse pensador logrou suscitar uma interpretação radical das práticas e dos estilos de ser dessa *intelligentsia* boliviana, interpelação ainda mais necessária em nossos dias. Mas, ao contrário do que ocorre hoje — quando tudo se escreve e se fala e os círculos hegemônicos de oradores letrados criam satrapias políticas (o parlamento, o judiciário) ou espetáculos midiáticos para nos enganar —, na época de Tamayo o ponto-chave era uma cultura oral-gestual que se traduzia em códigos corporais tácitos, mas inteligíveis em escala social: códigos de comunicação que também estruturavam hierarquias e desprezos escalonados.

No geral, Tamayo não discutia os escritos de seus contemporâneos: considerava-os um aglomerado vulgar de citações de autores europeus, que não eram sequer bem costuradas. Ele não desconhecia a herança europeia — sua poesia cheia

---

não abarcou essa tarefa porque se limitava a obras publicadas nos últimos cinquenta anos.

de ideias e imagens gregas o confirma —, mas reivindicava uma atitude mais autônoma e inteligente frente a ela, tal como faria Veena Das (1997) um século mais tarde. Tamayo se inspirou em Nietzsche e no vitalismo alemão de seu tempo, e também em uma vasta biblioteca filosófica e literária francesa, o que não atrapalha em nada sua aproximação aos "conglomerados étnicos" que ele considera a matriz social da nação boliviana. Primeiramente, era sua atitude corporal, sua visão e, sobretudo, seu conhecimento reflexivo do aimará que o diferenciavam de seus contemporâneos.

Tamayo não rechaçava as ideias e os princípios básicos da episteme do Atlântico norte, e sim o modo como são adotados em países como o nosso: da boca para fora, com uma atitude reverencial ou plagiária. Detestava a maneira erudita e, ao mesmo tempo, paródica com a qual a *intelligentsia criolla* expunha seus conhecimentos livrescos e protagonizava debates acalorados em torno de ideias que ela nem sequer compreendia. Isso não mudou na Bolívia de hoje, ainda que, além de conhecimentos livrescos, o espaço comunicacional também esteja inundado com revelações do aparato de inteligência ou tediosas estatísticas. Para remediar essas discrepâncias entre discursos e práticas, Tamayo propunha adotar uma sábia pedagogia: era preciso reeducar o mundo do *cholaje mestizo* e as próprias elites intelectuais do país, de forma que se assentassem em sua terra e em seu tempo, reconhecendo a energia e o potencial do mundo índio para a construção do país. Era necessário ensinar-lhes a conversar com esse vasto mundo em seu(s) idioma(s) e fazê-lo com curiosidade e desejo de (re)conhecimento, mas também com o afã de autoconhecimento. Tamayo admirava sinceramente as paisagens, linguagens e tramas culturais dos Andes (mais vigorosas em sua época do que hoje em dia) e exortava seus contemporâneos a travar diálogo com elas para descobrir um mundo índio capaz de remediar os opróbrios da casta dominante, por meio de uma pedagogia que primeiro deveria ser aplicada "sobre nós mesmos". Mas tudo isso era como pedir ao ulmeiro que produza peras:[39]

> É aí que a pedagogia índia terá um sentido real e positivo; então, será uma obra altamente sábia e científica da qual podemos esperar resultados inegáveis e matemáticos. O resto é bovarismo infecundo, é continuar fazendo o que temos feito com a nossa política, com nossas finanças, e com tudo: aparência de coisas e ruído de palavras" (Tamayo, 2003, p. 157)

A autocrítica social do autor esquadrinha a alma do intelectual *mestizo* que de fato existe, instalado em determinado espaço/tempo. Ele o vê como um ser inteligente, mas esquizofrênico e bipolar, incapaz de falar uma "língua com pátria" (como diria Churata); inepto para criar uma nação própria ou habitar um território próprio. Esse diagnóstico é vital em Tamayo e estabelece as bases para pensar o *double bind mestizo* como uma potência ambivalente.[40] A partir do aqui-agora, poderíamos exorcizar o binarismo e, com isso, a disjunção colonial que nos impede de sermos nós mesmos: um pensar capaz de ativar energias libertadoras por meio de uma forma de (re)indianização consciente e autoatribuída. Sintonizada com sua época, por outro lado, a pedagogia de Tamayo se perde em considerações sobre a "psicologia da raça", buscando

39 Pedir a um Díaz Machicao ou a um Alcides Arguedas que reconheçam a trama índia de seu próprio pensamento e identidade não passa de uma boa intenção ou de uma ingenuidade tamayana.

40 Ver capítulo 1, nota 32.

uma combinação infrutífera entre a nobreza moral do índio e a inteligência de sua própria casta. Assim, seu pensamento se desloca para uma nova explicação-legitimação das hierarquias coloniais de seu tempo, incluindo sua própria condição de proprietário rural. É por esse motivo que já não se lê *Creación de la pedagogía nacional* em chave **qhipnayra**, e que, de maneira geral, suas menções não passem de referências historiográficas — embora também possamos dizer que cada estrato intelectual da Bolívia contemporânea tem um Tamayo feito à sua medida.

A genealogia que busco traçar do colonialismo na cultura letrada boliviana está, por essa razão, conectada com as urgências do presente. Que pertinente é ouvir a palavra de Tamayo no aqui-agora: "A conquista selvagem e a colônia insensata desapareceram da América? Ostensivamente, sim, mas permaneceram em nossas veias, daí ainda não terem sido eliminadas pelos Murillo e pelos Sucre.[41] Aí estão palpitantes, com todos os seus vícios e inferioridades" (Tamayo, 2003, p. 156).

Essa análise da marca colonial, ao mesmo tempo objetiva e subjetiva, mostra com lucidez as raízes profundas do fracasso das elites *mestizas* da Bolívia na tarefa de construir uma nação viável e um estado soberano. Os intelectuais *bováricos*, aqueles que não veem as coisas, salvo o que sobre elas se diz nos livros (ou na mídia), seriam, em grande medida, responsáveis pela situação, graças à cegueira frente à terra e ao índio, o que, para Tamayo, equivalia a um suicídio coletivo:

41 Pedro Domingo Murillo e Antonio José de Sucre, combatentes contrários ao império colonial que buscavam a independência da Bolívia, em realidade continuaram as políticas anti-indígenas de seus predecessores (os colonizadores). Aqui a autora faz uma alusão às independências que, na realidade, deram continuidade às políticas do último período colonial. [N.T.]

> Devemos começar a ver quanto há de dignidade humana ultrajada por nós no índio; quanto desconhecimento de suas verdadeiras faculdades e forças; que abjeção criada por nós, e que ruína temos hoje dos senhores primitivos da terra. Devemos compreender que toda essa injustiça termina se voltando contra nós, que, se aparentemente a vítima é o índio, final e transcendentemente, somos nós [as vítimas]. (Tamayo, 2003, p. 157)

Se essas ideias são lidas na chave aimará, elas apontam que as elites *mestizas pä chuyma*, além de ineptas para a construção nacional (o "nós" que Tamayo interpela), também padecem de uma inépcia ainda mais radical: são incapazes de se tornar "gente" (pessoa social), ou seja, não podem olhar nem falar com seus compatriotas em simetria; assim, eles mesmos bloquearam o caminho que lhes teria permitido pertencer a seu lugar e a seu tempo.[42] Por sua vez, as pessoas que produzem alimentos, que falam um idioma não europeu (e que sobreviveram ao "processo de mudança"),[43] estão em outra: possuem e habitam uma ***sayaña***, exercem direitos compartilhados sobre

42 Pablo Mamani Ramírez expressa isso com nitidez: "Assim, o sentido e a segurança de possuir poder e se acreditar elites, a partir do mundo dos outros, foram entendidos como uma relação antitética entre a realidade e sua interpretação [...]. Não estar aqui, mas estar em algum outro lugar da história e do espaço, os exilou de sua realidade" (Mamani Ramírez, 2008, p. 69).

43 O "processo de mudança" (*proceso de cambio*) é a forma como denominaram o programa de governo de Evo Morales (MAS), que incluiria as mudanças realizadas durante seus mandatos, como a nova Constituição política do Estado e a renegociação dos contratos de gás. A identificação do termo com o MAS, contudo, não é direta, já que muitos de seus críticos reivindicam o processo de mudança como uma promessa do período de lutas imediatamente anterior ao seu governo (2000 a 2005) e que não foi plenamente atingida. [N.T.]

os bens comuns; sua vida social e pessoal está enraizada na comunidade e na paisagem. Apesar de seu amor pelas montanhas dos Andes, Tamayo não pôde descobrir isso em sua plenitude, por duas razões: olhava o índio e a paisagem com uma atitude objetivante, racionalizadora. Desse modo, sua "universalidade" se sustentava em uma sintaxe europeia cujo particularismo ele não reconhecia: uma *doxa* hegemônica, comum a toda ideosfera da época. Isso sinaliza a dimensão colonizada do próprio Franz Tamayo, que Reinaga descobriu no "momento de perigo" da revolução nacional de 1952 e que radiografou com lucidez anos mais tarde.[44]

Em 1967, Fausto Reinaga publicou um livro que havia maturado por muito tempo sobre a "*intelligentsia* do *cholaje* boliviano". Trata-se de uma radiografia detalhada e profunda do colonialismo intelectual na Bolívia, que lhe custou ser estigmatizado como um personagem intratável e sectário, o qual se tentou calar com uma "conspiração do silêncio" e uma furiosa repressão policial. No prólogo, ele acusa diretamente a *intelligentsia* boliviana por "ter prostituído a nobre missão do pensamento e destruído a república", além de haver convertido a Bolívia em uma "sociedade da falsidade e da fraude" (Reinaga, 2014, p. 237).

44 "Reinaga deu valor a Tamayo em sua juventude, considerando-o o primeiro indigenista da América, pioneiro em sua reivindicação do índio. Mas fez uma crítica ao 'Tamayo *gamonal*', inimigo da revolução nacional de 1952, em sua obra *Franz Tamayo y la revolución boliviana* (1956). Será na sua obra *El indio y los escritores de América* (1968) que Reinaga faz um 'ajuste de contas' com aquele que fora seu 'herói' de juventude, que julgou com radicalidade indianista. Ver Cruz (2013, p. 111-2; 138-9)." Devo essa referência, que reproduzo integralmente, à gentileza de Gustavo Cruz (comunicação eletrônica, 15 de abril de 2016).

Ao contrário de Tamayo, a quem então considerava um grande pensador índio, Reinaga dá uma atenção cuidadosa e aguda aos personagens da *intelligentsia* boliviana cujas vidas e obras evoca e esmiúça. Não lhe interessam somente os papéis e a tinta, mas também a atitude, a pessoa, os modos e as fachadas que o personagem adota. A apresentação do capítulo intitulado "Adolfo Costa du Rels" oferece um exemplo primoroso:

> Céu límpido, sol resplandecente do meio-dia. El Prado, na cidade de La Paz, ferve de gente. Há uma ebulição de índios de *poncho* e *lluchu*, índias de *acsu* e sandálias, "*cholas*" de *pollera*, manta e sapato, "cavalheiros" de colarinho e gravata, e *birlochas* vestidas e pintadas à moda europeia.[45] Um gringo, com seu lindo cachorro, circula em meio a essa gente. O animal arqueja, quer correr, mas o dono o contém pela coleira. Há uma luta entre o animal e o gringo. Chamam a atenção: o janota por seu chapéu e casaco de gabardine inglês, pulseira de ouro e anel com um enorme rubi; o cão-raposa pelo brilho de seu pelo, a coleira fina e a corrente luzidia de prata.
>
> O gringo não se atenta a nada nem a ninguém. Sua indiferença com relação às coisas e à gente dessa terra é absoluta. A Bolívia não existe para ele... E, contudo, que paradoxo! Esse gringo que exibe sua "nacionalidade francesa na cor de seus olhos" é ninguém menos que o ministro das Relações Exteriores da República da Bolívia. (Reinaga, 2014, p. 283)

45 *Lluchu* é um gorro típico andino, usado e tecido pelos homens; *acsu*, uma túnica belamente tecida que se usa por cima do vestido tradicional; *pollera* é uma saia tradicional bastante volumosa; e *birlocha*, uma mulher de origem indígena que se veste com trajes europeus. [N.T.]

Essa é a introdução à análise minuciosa da escassa obra em castelhano do autor acessível naquele momento, que entrelaça longas citações e fragmentos biográficos, além de "descrições densas" como a que acabo de citar, construindo um relato complexo e completo do personagem humano como autor. A leitura comparativa que faz de dois textos-chave de Costa du Rels, o romance *Tierras hechizadas* e a biografia do magnata mineiro *Félix Avelino Aramayo y su época (1846-1929)*, é uma bricolagem reveladora:[46] "*Tierras hechizadas* é um romance de protesto contra o *gamonalismo*[47] feudal; acusa os Pedro Vidal, que fazem a Bolívia padecer sob um regime feroz e de inconcebível injustiça social; condena aquele sistema em que os Vidal são donos absolutos não somente da riqueza do solo, mas também das vidas humanas" (Reinaga, 2014, p. 294).

Duas linhas depois:

> E aqui vem Félix Avelino Aramayo, que é o oposto do que defende *Tierras hechizadas*. A biografia de Aramayo é um louvor, uma adulação e uma glorificação de um Pedro Vidal de carne e osso. Se [aquele] é um monstro abominável, o Pedro Vidal de Huanchaca é a virtude ambulante; se aquele é a maldade profunda, este é um grande "caráter, um coração: uma distinção...". (Reinaga, 2014, p. 294)

46 *Terres embrasées* [Terras em chamas] foi publicado em Paris em 1931, e a edição castelhana saiu em Buenos Aires em 1940. A biografia de Aramayo, também publicada em Buenos Aires, apareceu em 1942.

47 *Gamonalismo* se refere à prática do *gamonal*: um pequeno patrão mestiço que combina a posse da terra usurpada com o poder político. Desse modo, exerce uma dominação mais brutal, violenta e racista contra os indígenas. [N.T.]

Não pode haver evidência mais nítida do duplo discurso *pä chuyma* do *q'ara* colonizado que essa aporia descarada, que serve a Reinaga de antessala para seu juízo lapidar o intelectual público: "E este 'mestre', 'representante da cultura de um povo', de um povo cujo sangue não está em seu sangue, nem sua alma em sua alma", viola a única lei da "gente de pena e pensamento": que sua "vida, sua existência e sua personalidade confirmem sua palavra e seu ensinamento".[48] A análise integral (ética, estética e política) da obra de Costa du Rels revela, assim, tal qual uma radiografia, a trama da colonização da alma coletiva que impera na Bolívia graças aos seus mais notáveis intelectuais.

Sem piedade, ela rasga uma a uma as vidas e obras de todos os outros letrados bolivianos, cobrindo um amplo espectro ideológico.[49] Com um olhar preciso, esquadrinha as camadas profundas do ser humano em autores liberais, católicos, marxistas ou nacionalistas por igual: Díaz Machicao, Francovich, Arguedas, Guzmán... Só se salvam de sua irritante caneta Franz Tamayo, Carlos Medinaceli e Jaime Mendoza, nos quais vislumbra uma genialidade para "captar o pulso do drama da raça índia" (Reinaga, 2014, p. 323), chegando a vê-los como expressão de um pensamento sinceramente autocrítico em prol da "libertação do índio" (Reinaga, 2014, p. 267).

Os "decoloniais" ou "pós-coloniais" que agora estão na moda não conseguiram esquadrinhar com tanta profundidade a duplicidade do intelectual colonizado como o fizeram

48 A última frase é uma citação que Reinaga faz de alguma obra de Stefan Zweig.

49 A análise da trajetória de Porfirio Díaz Machicao também é brilhante em seu uso da bricolagem para mostrar o vaivém de opiniões contraditórias e deslizes políticos vergonhosos dessa figura pública, que passou do marxismo militante à colaboração com os governos dos "seis anos de massacre" (1946-1952).

Tamayo ou Reinaga, ou mesmo o próprio Zavaleta: isso pode ser visto em seus escritos críticos de ideias mas também nos trajetos impensados que a leitura de seus trabalhos tomou no processo de ativar os gestos coletivos de emancipação e as lutas descolonizadoras de nossos dias.

HIPÓTESES E DESEJOS PARA UM PRESENTE TURVO

Do *akapacha* de um presente confuso e emaranhado, acrescentaremos que autores que recuperam Reinaga para a sua utopia — como Zavaleta ou eu mesma — são resultado de uma prática e um *éthos* próprio do *mestizaje ch'ixi*, que (re)conhecem seu índio ou índia interior e estão firmemente situados no aqui-agora de sua terra e sua paisagem. Pois o colonialismo não reproduz uma heterogeneidade disforme e caleidoscópica das diferenças; ele estrutura hierarquias, cria instituições de normalização-totalização e incuba formas de pedagogia que penetram nos corpos e no sentido comum com força repressiva. Essas formas internalizadas do colonial nos explicam por que o *mestizaje* — na Bolívia ou no México — não produz cidadanias da diferença nem esferas públicas democráticas, e isso vale para uma gama muito ampla de cores no espectro pigmentocrático de nossas sociedades.

As fissuras da autonegação e da paródia continuam moldando cada subjetividade e se expressam na mistura de humildade e soberba, de pequenez e megalomania, que observamos no dia a dia do "processo de mudança" boliviano. Cada alma das camadas dirigentes pluri-multi[50] parece estar marcada por memórias e pulsões inconscientes: a vergonha e o ódio pelo

50 Forma crítica de se referir a um conjunto de políticas e discursos públicos de reconhecimento pluri ou multicultural. Tais políticas

abandono paterno ou pela pobreza, a inveja pela riqueza e pela fama, a tendência à ocultação e à mentira, e — *last but not least* — a admiração ilimitada pelo "outro", o exitoso: empresário, cientista ou banqueiro, seja chinês, seja ianque, seja francês. Além disso, como as elites políticas não funcionam coletivamente, mas são um conjunto díspar de entidades corporativas, surgem as competições intestinas pelo poder e se torna visível o nexo do entrelaçado estatal com os fluxos de formação, apropriação e concorrência de capitais regionais e mundiais.

Entende-se, então, os mecanismos pelos quais o *abigarramiento* às avessas, representado pela cultura *pä chuyma* das novas elites, pode ser visto como o polo oposto da mistura *ch'ixi*, que praticamos e vivenciamos nas comunidades diversas, algumas territorialmente muito grandes (como o Tipnis[51] e as *markas*[52] e os *ayllus*[53] do Conamaq orgânico),[54] outras menores e locais.

---

foram muito criticadas por terem acompanhado, na Bolívia dos anos 1990, a implementação de políticas econômicas neoliberais. [N.T.]

51 O Território Indígena e Parque Nacional Isiboro-Sécure (Tipnis) é um espaço biodiverso de grande proporção que abriga um conjunto de povos indígenas. Em 2011, esses povos entraram em conflito com o governo de Evo Morales e com os cocaleiros assentados no sul da reserva devido ao projeto de construção de uma estrada, em colaboração com uma empresa brasileira, que cortaria pela metade o território, gerando alto impacto social e ambiental. [N.T.]

52 *Markas* são um conjunto de *ayllus* espalhados em um território amplo, podendo ser identificadas como nações. [N.T.]

53 *Ayllu* é uma unidade política e geográfica de origem pré-hispânica que, reunindo um conjunto de comunidades indígenas, pode ser considerado o equivalente a uma unidade étnica. A palavra *ayllu* pode ser aplicada a diferentes escalas, por exemplo: numa escala menor pode designar um grupo de famílias e numa maior pode equivaler a uma nação indígena. [N.T.]

54 A autora se refere aqui ao Conselho Nacional de Ayllus e Markas do Qullasuyo (Conamaq). Trata-se de uma organização que representa

Em todas elas, ocorrem reflexões e práticas heterogêneas e são gerados outros desejos de futuro, outras leituras da realidade. Contudo, talvez as disjunções e os dilemas que vivemos hoje, além da marginalidade das nossas vozes, nos digam que ainda estamos em um tempo nebuloso, no qual só é possível vislumbrar algumas hipóteses de trabalho.

Uma dessas disjunções é que a corrupção, o narcotráfico e a indústria do espetáculo parecem ser as formas atuais (regressivas) da acumulação primitiva do capital na Bolívia do "processo de mudança". O discurso que encobre essa realidade prosaica continua sendo, como nos anos de McNamara, o do "desenvolvimento" e da "luta contra a pobreza", mesmo que agora condimentados com ornamentos e símbolos "multiculturais" ou a favor do folclore ou do esporte, tudo para justificar a vigência prolongada de formas clientelistas, misóginas e oportunistas da gestão da coisa pública. É perceptível que os capitais que chegam à Bolívia não representam investimentos industriais sustentáveis; buscam, na verdade, interesses transnacionais vinculados ao surgimento dos chamados Brics (Brasil, Rússia, Índia, China e África do Sul), o que foi denunciado em toda a América Latina. As novas elites bolivianas atuam exatamente como as burguesias compradoras dos séculos passados. São sócias menores desses empreendimentos estatais ou privados: vivem da trapaça, do suborno e da extorsão; sua modernidade se reduz a simulacros, consumos conspícuos e brilhos intelectuais ou midiáticos efêmeros.

---

a maioria das unidades étnicas das terras altas, sobretudo aquelas que mantiveram suas estruturas em *ayllus* e *markas* ou que os reconstituíram no período mais recente. A organização sofreu uma divisão em 2014, quando um setor próximo ao governo de Evo Morales tomou sua sede e direção. Conamaq orgânico, portanto, refere-se ao setor que manteve a sua independência do governo. [N.T.]

Além disso, como a escada do poder é estreita, a situação descrita abre espaço a fúrias revanchistas, à duplicidade moral e à desconfiança entre pares. Esse processo destrói os tecidos comunitários e segrega as pessoas comuns do espaço público, regulando a chegada dos meios de comunicação — estatais ou públicos — às populações segundo o lugar que ocupam na escala colonial, entre muitos outros mecanismos.

A configuração *abigarrada* e colonizada do tecido social nos põe diante do fato de que as palavras resultam insuficientes para desmontar os bloqueios epistemológicos e as penumbras cognitivas que nos invadem em tempos de crise. No aqui e agora, a preocupação em pensar e fazer a realidade inteligível nos mostra a cara irracional das ideias e das práticas das camadas dirigentes: a angústia pelo heterogêneo, a vertigem diante da multiplicidade, a busca pelo uno e pela totalidade, a centralização de investimentos estatais milionários e o emaranhado de trocas desiguais e prestações que se dispersam verticalmente pelas ramificações da estrutura de poder. Tudo isso é resultado das aspirações modernistas e usurpadoras da vontade popular que exibem essas elites: é preciso acabar com o peso do passado, negar as modernidades indígenas e as formas comunitárias da vida social, articuladas com o (e no) mercado, mas, ao mesmo tempo, contrárias às suas formas totalitárias. É necessário extinguir ou isolar essas anomalias em territórios delimitados e exóticos, em reservas ecológicas ou em Tioc,[55] hoje subjugados por megaprojetos de toda

55 As Tierras Comunitarias de Origen (TCO), reconhecidas em 1996 pelo estado boliviano por meio da Ley Inra, foram rebatizadas como Territorios Indígena-Originários Campesinos (Tioc) em 2010, com a intenção de incorporar nelas as populações de colonos (camponeses mercantis do Altiplano) que as ocupavam, como

ordem. Mas o imperativo colonial da modernização e do progresso não impede que se faça um uso instrumental de emblemas, gestos e supostas concepções filosóficas indígenas para estabelecer os novos léxicos da dominação. Assim, o estado populista travestido se apropria da mais-valia simbólica que representa o emblema do índio e, ao mesmo tempo, nega a condição de sujeito às multidões *abigarradas* que demandam um "viver bem" de verdade — e não o seu simulacro.

A modernização é um imperativo que exige reprimir e expulsar o índio e a índia que habitam em nosso interior e que povoam os campos e cidades com as obras de suas/nossas mãos. Ela nos induz a esquecer e a negar os horizontes da modernidade índia que nos antecederam — essas formas de modernidade própria que ainda vivem no tecido cotidiano e nas lutas de várias comunidades sobreviventes do assalto do capital e do estado. É preciso ver quão astutos se tornaram o capital e o estado, dado que ampliam as dádivas em troca da aceitação submissa e coletiva de um processo de expropriação crescente de terras, energias e recursos. Aqui está a agenda oculta dos chamados "progressismos" latino-americanos e dos intelectuais que habitam seu entorno, falando maravilhas de si próprios enquanto pactuam com sinistras corporações "do sul" e fazem do estado um repositório para seu engrandecimento pessoal.

Contudo, o sonho das elites nunca será totalmente tranquilo, em razão da ameaça de irrupção de imagens dialéticas e constelações impensadas. O "pesadelo do assédio índio", o "pesadelo do assédio das mulheres" e, sobretudo, a eclosão de comunidades de vida que se inspiram nas epistemologias índias, ecologistas e feministas irão desmascarar esses gestos

---

é o caso dos cocaleiros no Tipnis. Ver, a esse respeito, Rivera Cusicanqui (2015a; 2015b).

paródicos e senhoriais e sua tática falida de cobrir com uma nuvem de palavras vazias os dispositivos mais arcaicos da colonização e da subalternização. Na superfície sintagmática do aqui-agora, nas ações e no falar cotidiano das pessoas, ressurge a raiva dos passados não digeridos: o *mestizo* que atua como *gamonal* [cacique] e se sente dono das vidas e das fazendas; a bebedeira catártica do ressentido, que detona a violência feminicida. Por toda parte, sente-se o (mal) viver de cada arrivista que ficou no meio da escada, ou que foi sacrificado como um "fusível" para proteger os de cima. Para estes, aparece o patrão e mandachuva que pavoneia sua soberba e faz usufruto do "direito da primeira noite" sobre as jovens aspirantes à ascensão social e ao branqueamento. O mais patético é que tudo isso é temperado com retóricas legalistas, poses anti-imperialistas e "socialismos do século XXI". O arcaico se justapõe a uma modernidade falsa e imitativa; o estômago social não pode digerir essa mescla *pä chuyma*. Esses espaços escuros da memória social, embaçados pela política do esquecimento, terminam provocando um estado de esquizofrenia e ***ch'ampa guerra*** coletiva.

É POSSÍVEL DESCOLONIZAR E DESMERCANTILIZAR A MODERNIDADE?[56]

A resposta a essa questão não é simples. A questão em si não é simples, porque é preciso reformulá-la, problematizar alguns aspectos da própria pergunta. Em primeiro lugar, é necessário

56 Esse foi um dos questionamentos motivadores do Seminário Modernidades Alternativas realizado na Unam (ver capítulo 1, nota 19).

esclarecer os termos "mercado" e "mercantilização" e entendê-los como parte de fenômenos históricos planetários longevos. Sabemos que há vários caminhos para isso, mas também é preciso desmontar o senso comum que se construiu nos círculos da esquerda em torno do tema mercantil. Parece que "mercado" foi uma palavra ruim entre os românticos dos anos 1970 e agora é o novo deus da esquerda decadente. Há meio século, as formações guerrilheiras e partidárias da esquerda latino-americana tinham o mercado como inimigo do povo, e algumas chegaram, inclusive, a reorganizar as comunidades das zonas liberadas no sentido do autoconsumo e da autarquia (obviamente, subordinando-as ao comando guerrilheiro). A penetração do mercado foi vista, então, como ameaça em alguns casos, ou como solução em outros, dependendo do polo ou ponto de vista. Para uns, o mercantilismo rural e popular-urbano gerava a "desestruturação" das comunidades; para outros, as economias populares eram vistas como "outro caminho" para a acumulação de capital nacional (De Soto, 1986). Em ambos os polos, há uma leitura linear e progressista da história, que se sustenta em uma política sistemática de esquecimento. Foi a crise dessas ideias e hábitos de pensamento que nos obrigou a experimentar a realidade factual da heterogeneidade e repensá-la em seus nexos com o fato colonial e com a história de trocas, para tentar descobrir que outra história poderia aparecer neles.

A crise contesta as palavras, as premissas do senso comum — a ilusão de transparência da qual falavam Bourdieu e seus colaboradores (Bourdieu, Passeron & Chamboredon, 2008 [2010]); isto é, contesta o fato de que acreditamos nos entender porque pressupomos o significado de palavras como "mercado", "cidadania", "desenvolvimento", "descolonização", entre outras. São palavras que tranquilizam, mas de um modo enganoso. Chamei essas palavras de "mágicas" porque têm a magia de silenciar nossas inquietudes e ignorar nossas perguntas. O que a crise faz é romper com essas seguranças; ela nos move o chão e nos obriga a pensar o que queremos dizer com elas.

Aqui vale lembrar o caso de Joseph Jacotot, professor da época da revolução francesa, que deixou Paris após a segunda restauração monárquica e foi para a região flamenga da Bélgica para ensinar francês (Rancière, 2006 [2007]). Ele deve ter se perguntado "o que é a liberdade?", "o que é a igualdade?", "o que é a fraternidade?", e chegado à conclusão de que todos os seres humanos são igualmente inteligentes somente pelo fato de terem aprendido a falar. Quando as crianças balbuciam as primeiras palavras de seu idioma materno, começam a estruturar um sistema cada vez mais complexo de relações de tudo com tudo. Se são capazes, por exemplo, de conjugar verbos e dizer corretamente "tu fazes", "eu faço", "comigo", "contigo", percebemos que ninguém lhes explicou o que é dativo, pessoa gramatical ou coisas do gênero. Aprenderam a falar corretamente seu idioma materno por si mesmas, em uma prática cotidiana de imitação e experimentação. As condições para que isso ocorra na escola — seguindo a pedagogia de Jacotot — eram dadas pelo reconhecimento da igualdade de inteligências e pelo impulsionamento da capacidade autônoma de aprender que toda pessoa possui. Isso é o que permite potencializar as habilidades cognitivas, para que a pessoa que aprende preste atenção constante e consciente à relação das palavras com as coisas, do olhar e da mão com o cérebro; para que ponha em prática a "atenção criativa" demandada por todo trabalho. Ao contrário do que se imagina, o olhar que divaga, como olhar periférico, atento ao entorno, também pode chegar a ser abrangente e fazer emergir uma capacidade de se relacionar consigo próprio e com todo o resto, extrapolando, inclusive, o marco antropocêntrico do social (Rivera Cusicanqui, 2015b). Em todo caso, Jacotot legou a seus estudantes um livro bilíngue em francês e flamengo como ferramenta, de forma que, com seu método de potencializar a inteligência própria de cada um e sua capacidade de "relacionar tudo com tudo", seus estudantes conseguiram dominar o idioma estrangeiro mais rápido e melhor do que com as explicações dos profissionais em voga na época. Essa é a atitude necessária em momentos de crise para pensar de novo as palavras e fazer recuar as marcas do esquecimento.

Temos de nos questionar: "o que é o mercado?", "por que existe?", "desde quando?", "como existe?", "existem várias formas de mercado?", "podemos pensar hoje em uma sociedade sem mercado?". Enfim, uma série de indagações. De minha parte, cheguei à conclusão de que estamos vivendo em sociedades cuja lógica histórica tem, sem dúvida alguma, força interna e formas próprias. A brutal invasão de lógicas adversas nessas sociedades não ocorreu no vazio; não houve passividade, não foi um território tranquilo. Não me refiro somente a resistências armadas ou a discursos de resistência. É preciso repensar a dinâmica cotidiana das interações humanas e voltar para as instituições da história longa, como fez Karl Polanyi quando estabeleceu os grandes modelos sociais de intercâmbio e sugeriu que um não era necessariamente a superação do outro. Ele chega, inclusive, a considerar o mercado liberal como uma via regressiva, que destrói formas mais humanas e dignas de organização econômica (Polanyi, 1989 [2021]). Do mesmo modo, é necessário repensar o fato — um dado histórico conhecido — de que existiram mercados desde os primórdios da sociedade humana e de que nem todos eles desembocaram na acumulação capitalista.

Devemos advertir que as conhecidas fórmulas de mercadoria M-M, M-D-M', D-M-D, D-M-D' não representam uma exposição do processo histórico, tampouco uma história única e modelar da mercadoria no âmbito global. Essas fórmulas são a coluna vertebral do livro I de *O capital*; Isaak Illich Rubin as vê com a lente do fetichismo da mercadoria, chave semiótica para descobrir uma veia crítica mais radical, que Marx (1966 [2011]) somente intuiu (Rubin, 1974 [1987]).[57] Essas fórmulas foram pensadas com uma racionalidade analítica muito própria da filosofia alemã e servem para desentranhar as camadas da mercadoria no presente, como se faz com uma cebola, para extrair dela suas formas elementais e a lógica estrutural de seu funcionamento; por isso mesmo, não estão contando a história. Os marxismos de manual picaram a cebola, mas não fizeram um bom molho; ao contrário, o molho ficou indigesto, porque converteram os esquemas de Marx em uma sucessão linear de etapas. Na fórmula, a primeira troca de Marx era M-M, e esta se daria na chamada "comunidade primitiva", uma ideia retomada por Engels e Marx do evolucionismo de Morgan, mas proposta como uma sociedade imaginária, ideal.[58] O marxismo vulgar converte em fato essa ideia e rotula todas as "sobrevivências" contemporâneas como "economia natural".

57 Devo essa leitura ao seminário sobre *O capital* ministrado por Gonzalo Portocarrero no mestrado em sociologia da Pontificia Universidad Católica del Perú (PUCP), Lima, verão de 1977.

58 Não quero, com isso, negar o evolucionismo de Marx. Contudo, se sua obra é lida selecionando os textos pertinentes ao presente (método *qhipnayra*), outros caminhos podem ser desbravados. Vimos um exemplo dessa atitude teórica na leitura anarquista que faz de *O capital* Isaak Illich Rubin, não por acaso um judeu aniquilado por Stálin, que enfoca a noção de fetichismo da mercadoria como chave de compreensão de toda a obra (Rubin, 1974 [1987]).

Não há oximoro mais evidente; o mesmo aconteceria se falássemos de uma "sociedade natural". A troca é um dos modos básicos de relacionamento com o mundo que nos rodeia, um mundo habitado por outras pessoas e por outras sociedades, e, inclusive, por outras espécies e entidades. Não é possível pensar que a capacidade de troca seja produto da natureza; a troca — que, para a concepção andina, se realiza a partir do *sarnaqawi*, a caminhada — é epítome do social.[59]

Por outro lado, a guerra e o mercado são linguagens, e, recuperando as ideias de Bolívar Echeverría (2000), é necessário fazer uma leitura semiótica desses fenômenos sociais. Não há dúvida de que estamos diante de linguagens complexas que articulam diferentes sociedades e criam *línguas francas* que permitem o relacionamento de localidades diversas e até antagônicas, como células que vão constituindo organismos cada vez mais complexos (Sereni, 1977). Esses são fenômenos de totalização que deram lugar à modernidade europeia nascente, uma modernidade que ainda não havia desembocado na queima das bruxas nem nas expropriações massivas, como ocorreu no caso dos saberes femininos ou camponeses, brutalmente erradicados pelo despotismo ilustrado e pelo capitalismo colonial dos séculos XVI e XVII (Federici, 2010 [2023]). Transplantadas a nossas terras, essas formas regressivas da modernidade tropeçaram no *éthos* barroco, *ch'ixi*, que lhes impôs e impõe resistência. Das profundidades do tempo histórico, o dilema do *mestizaje*, o cerco da diversidade e da coetaneidade de tempos heterogêneos produziram um choque, uma crise, uma emergência, mas também um magma inteligente

59 Neste caso, discordo de Dominique Temple (2003), que distingue radicalmente troca de "reciprocidade", esta concebida de uma maneira romântica e colonialista.

do qual puderam brotar energias libertadoras. Este último é somente uma hipótese, mas o primeiro era de conhecimento de diversas vozes anteriores à minha geração.

PARA UM ESBOÇO DE UMA TEORIA *CH'IXI* DO VALOR[60]

Assim como na Europa, na Ásia, na África ou na Polinésia, nos Andes e na Mesoamérica houve longos períodos em que surgiram formas de intercâmbio como jogo semiótico complexo de descobrimento de línguas e valores de outros povos e outras gentes. Evidentemente, em nosso caso, tratava-se de um jogo de valores que nem sempre eram materiais, tampouco necessariamente mensuráveis em termos de uma noção universal e abstrata como a de trabalho. No idioma aimará, antes da invasão colonial, parece não haver existido a palavra "trabalho" como conceito abstrato. Os padres tiveram de inventá-la para escrever os catecismos e traduzir a Bíblia. Essa versão define o trabalho (em geral) como *irnaqaña*, uma variante de "manusear" uma coisa, certamente porque o trabalhador braçal, pensado no código jesuíta, era epítome de trabalhador. Até hoje, para as pessoas mais velhas que vivem em um mundo linguístico menos contaminado, é estranha a palavra genérica *irnaqaña*, porque só falam de *llamayuña*, *sataña* etc., ou seja, colher batatas, plantar enterrando, plantar por estaquia, entre outras palavras, e isso somente com relação

60 Aqui a autora desenvolve a teoria marxista do valor, que explica como a igualdade de valores no mercado encobre a existência de uma mercadoria especial (M''), que dá valor a todas as demais (se refere ao processo de acumulação primitiva). [N.T.]

à agricultura.[61] Há uma palavra específica para nomear todas as formas imagináveis de trabalho, mas não acredito que antes da invasão colonial existisse a noção abstrata do trabalho.

Essa é a razão não contemporânea do meu repúdio à ideia de que o mercado invadiu "sociedades naturais" que não trocavam nada e que viviam em uma "economia natural", como imaginamos que ocorria nas *robinsonadas* com as quais Marx exemplificava as especulações da ciência econômica de seu tempo. Isso criou um senso comum que pensa o mercado como etapa inicial de uma história linear, que avança em prol da acumulação e do "progresso" — outro termo a ser desmistificado. Ao contrário, a troca como mercado (ou seja, como sistema de equivalências normalizado pelo capital e internalizado como *habitus*) se converteu em forma hegemônica somente há alguns séculos e, nas periferias do sistema mundial, se desenvolveu de modo descontínuo, com sístoles e diástoles, momentos de articulação e momentos de fragmentação. No mundo pré-hispânico da nossa região, as pessoas não viviam isoladas, em comunidades "primitivas" submetidas a permanentes escaramuças e guerras intestinas; no espaço nuclear andino, a troca do tipo escambo — um objeto por outro, um serviço por um objeto, um serviço por outro serviço — se transformou em uma forma cada vez mais ampla de reciprocidade e redistribuição nos séculos anteriores à consolidação do estado inca, isto é, em sedução cultural de outros povos e sociedades, formando, assim, a base material para o surgimento das primeiras formas estatais da era tawantinsuyana.[62] A reciprocidade e a redistribuição não funcionavam

61 O próprio verbo *irnaqaña* tem uma acepção restrita: operar uma coisa redonda com a palma da mão (Layme Pairumani, 2004).

62 Aparentemente, os primeiros Inca deram continuidade a antigas práticas de conhecimento nos Andes e, graças a estas, puderam criar

por meio do encontro e da troca interpessoal mediada por entidades abstratas, tampouco por meio de guerras de conquista. Efetivamente, a hostilidade e as trocas cerimoniais teceram uma trama social duradoura: redes de parentesco e vizinhança, comunidades rituais e laborais, espalhadas em espaços verticais que lhes davam acesso a pisos ecológicos de diferentes altitudes. As ilhas desse "arquipélago" se converteram em zonas produtivas articuladas por um sistema complexo de *mit'as*,[63] ou prestações de trabalho. Isso permitiu que esse conjunto de sociedades

---

uma espécie de Pólis Cuidadora do Cosmos, à qual dedicaram seus trabalhos de ciência, arte e pensamento. O processo teria mudado com as conquistas do Inca Yupanqui, que inaugurou relações de poder mais verticais e contenciosas e pactos de submissão mais hostis, como foi o caso dos senhores Charka-Qaraqara, que lhe entregaram suas minas de Purqu (gesto que irão repetir com os ibéricos), o que revela a implantação de uma forma política mais opressora. Esse giro etnocêntrico e guerreiro teria quebrado também o sistema de trocas materiais e simbólicas com o Antisuyu e aqueles que o povoavam, como o confirmam as guerras da conquista e as fortalezas defensivas erigidas pelos últimos Inca nas zonas próximas à floresta; ver Poma de Ayala (1615), Platt, Bouysse-Cassagne & Harris (2006) e Rivera Cusicanqui (2015b). [Tawantinsuyu é um nome geral dado para o domínio inca e se refere às quatro (*tawa*) jurisdições (*suyu*) que o compunham: o Qullasuyu, que correspondia aos territórios do sul e aos domínios aimará (como os citados senhorios Charka-Qaraqara), sendo parte do que hoje é a Bolívia; o Cuntinsuyu, território a oeste de Cuzco, que se estendia até a costa do Oceano Pacífico; o Antisuyu, território a leste de Cuzco, que incorporava, sobretudo, as selvas amazônicas; e o Chichansuyu, que correspondia aos territórios ao norte, que se estenderiam hoje até a Colômbia — N.T.]

63 A *mit'a* era o sistema inca de recrutamento de mão de obra para a execução de obras públicas de infraestrutura, plantios coletivos ou empreendimentos militares. Esse sistema foi inspirador da *mita* colonial espanhola, que recrutava mão de obra para as minas

— incorporadas ao Tawantinsuyu pelos últimos Inca — habitasse extensos territórios multiétnicos, nos quais conviveram comunidades, línguas e dialetos à medida que foram (re)ordenando seus territórios. A autonomia e a autossuficiência se fundam, assim, na elaboração de cosmogonias comuns que articulam diversas deidades ancestrais locais em uma escala cada vez mais ampla. Todo esse processo gera (e, ao mesmo tempo, é resultado de) um sistema de trocas múltiplas, polivalentes, simultaneamente materiais e simbólicas. Qual era a medida de valor em uma sociedade dessa natureza?

Parece que é justamente no período pré-incaico que melhor conhecemos — o dos senhorios aimará do intermédio tardio — que começa a ser gerado um processo cultural que transforma modos de troca anteriores em sistemas de reciprocidade e redistribuição sustentados pela distribuição exterior de prendas. No processo de sua expansão territorial, as grandes cargas de produtos de diversos pisos ecológicos, que os senhorios étnicos armazenavam nas *pirwas* e *qullqas* (depósitos administrados por autoridades de vários níveis), eram redistribuídas por meio de gestos de generosidade e sedução que permitiram uma incorporação pactuada de grupos étnicos distintos e, inclusive, uma relação estável com povos não conquistados da região do Antisuyu nas bacias atlânticas da cordilheira, que se estendem até as matas e as planícies da Amazônia e do Chaco. Contudo, nem mesmo nos estados andinos nucleares a substituição da troca mercantil por um "controle vertical de múltiplos pisos ecológicos" (Murra, 1975) ocorreu de maneira homogênea e generalizada. Uma pesquisa de Ximena Medinaceli revelou que muitas sociedades periféricas do Tawantinsuyu, como os

---

de prata de Potosí por meio de um regime de trabalho forçado imposto às comunidades indígenas. [N.T.]

ayllus de pastores do sul andino ou de agricultores-pastores do atual Equador, praticavam formas mercantis de maneira paralela — ainda que residual em relação à modalidade dominante —, certamente contaminadas pelo rito e pela reciprocidade. A existência de numerosas palavras em aimará e quéchua para designar o mercado e os atos de compra e venda evidencia essas práticas (Medinaceli, 2010).

Paralelamente a essas formas de troca vinculadas ao abastecimento e à reprodução material de comunidades e povos, existia toda uma economia e contabilidade de bens oferecidos a entidades sagradas. Alguns desses bens eram resultado de um trabalho humano pesado e minucioso, como os tecidos, vestimentas luxuosas oferecidas ao fogo nas *wak'as*, lugares sagrados que costumam ser considerados vorazes e famintos. As "devorações" de bens se produziam em determinados momentos do ciclo anual e podiam afastar catástrofes ou atrair chuva e fartura. Entre os bens oferecidos, encontrava-se o produto têxtil feito com penas. A arte plumária mostra quão vitais eram as terras baixas da Amazônia para as pessoas do Altiplano e das costas do Pacífico: dessas selvas, eram retiradas penas de araras, papagaios e diferentes aves, além da folha de coca e muitos outros recursos, não só materiais como também simbólicos (Rivera Cusicanqui, 2015b). O Antisuyu era a região que os primeiros Inca seduziram por meio de múltiplos intercâmbios, mas nunca foi um espaço "conquistado" nem plenamente incorporado ao Tawantinsuyu.[64] As amostras de tecido com penas que sobrevivem hoje em dia revelam um alto grau de elaboração dessas obras, que eram das mais

64 Ao contrário das terras altas, mais dispostas à incorporação negociada, o Antisuyu foi uma fronteira rebelde, relutante ao pacto com os Inca.

apreciadas por conta da travessia e do risco implicados em sua obtenção. Precisamente, eram as *wak'as* mais famintas e as mais poderosas que recebiam esses tecidos valiosos. Outros materiais dados em oferenda eram o ouro e a prata, convertidos em fios para o trabalho têxtil; também eram encontrados sob a forma de objetos fundidos que eram jogados ao fogo ou aos lagos de altitude. Tudo isso era registrado nos **kipus**.

O interessante é que em nenhum momento esses itens altamente valiosos se converteram em moeda ou em equivalentes de outros objetos; eram uma espécie de equivalente geral sagrado, uma **chakana** ou ponte entre a sociedade e o cosmos. Podiam ser vistos como uma condensação de valor, mas do ponto de vista do poder da *wak'a*; em outras palavras, o sacrifício humano ancestral como fonte primordial de valor. Por exemplo, segundo o mito de origem dos Inca que aparece na *Suma y narración de los Incas*, de Juan de Betanzos, Ayar Cachi, um dos irmãos fundadores do Tawantinsuyu, foi sacrificado em Wanaqawri, e o lugar do sacrifício se converteu em uma poderosa *wak'a* protetora de vários povos. Esses ancestrais mortos ou sacrificados foram os mais vorazes consumidores de valores, e a reciprocidade, obviamente, era incomensurável, pois o que devolviam eram chuvas, nuvens, raios, trovões, ventos benéficos — há vários tipos de ventos: ventos bons e maus. Eram valores que, precisamente por serem tao grandes, demandavam coisas altamente apreciadas; daí decorrem as valorações simbólicas e homologias materiais dos objetos oferecidos com os poderes das *wak'as*: como pode ser medido o valor de raios, trovões ou chuva?

As sociedades andinas foram das poucas que observaram constelações negras; os espaços celestes que não contêm estrelas, mas formam diversas figuras. Uma delas é a "lhama negra celestial", cujo parto anual solta as águas férteis de sua placenta sobre a terra (Arnold & Yapita, 1998). É um momento do ano em que, entre uma constelação e outra, são formadas colorações e sinais que permitem saber se haverá abundância ou escassez de águas, chuvas precoces ou tardias.

A importância da astronomia pode ser ilustrada com uma imagem de Waman Puma (Poma de Ayala, 1615) que retomo frequentemente em meus escritos: o índio astrólogo e poeta que sabe do círculo do Sol e da Lua, e que pratica suas artes "para plantar a comida, desde tempos antigos". O que a imagem nos diz? Ela nos mostra a materialidade dos conhecimentos cósmicos, nos revela que a atividade produtiva é um fato sagrado e não somente terreno; envolve trocas com as deidades e não apenas trocas entre humanos. Porque são os nós sagrados da terra (*Pachamama*, *Achachilas*, *Uywiris*) que propiciam a possibilidade de articular vastos espaços produtivos por meio da celebração ritual da abundância e da felicidade coletiva, ou o afastamento ritual da escassez e da crise. Esses nós se materializam no *kipus* que o poeta carrega em sua mão.

A seletividade da economia do sacrifício é também um diálogo com o animal sacrificado e com todo um entorno de relações que vai além das necessidades e subjetividades humanas. Ainda que o fato colonial tenha reordenado drasticamente essas relações, ele não obliterou totalmente o seu âmago alter-nativo; não desfez as lógicas próprias nem as sintaxes enraizadas criadas ao longo dos séculos pelas populações agora submetidas. Tampouco desmantelou a aguda capacidade dessas populações de subverter/recodificar a episteme que as invadia (habilidade que já haviam aprendido com os Inca). Por exemplo, em meados do século XVIII, uma "idolatria" foi descoberta em um povoado de índios próximo a Arequipa: uma gruta onde eram feitos rituais aos ancestrais (Salomon, 1987). As oferendas descobertas pelos extirpadores funcionavam como propiciadoras de uma atividade arriscada: o transporte tropeiro e de longa distância. Várias comunidades de mercadores haviam conseguido construir laços de parentesco ritual com essa linha de ancestrais "adotivos", reforçando suas alianças e negociando suas divergências para intervir com êxito nas rotas comerciais acidentais entre a costa do Pacífico e o grande Potosí.[65] As dimensões mercantis e monetárias desse culto saltam à vista e articulam, de modo justaposto, os cultos às *wak'as* ancestrais com formas empresariais/comunitárias de enfrentar as exigências e os riscos que as novas lógicas de intercâmbio instituídas pelo estado colonial trouxeram consigo.

Do mesmo modo, Olivia Harris observa que, no *ayllu* Laymi, a moeda de prata é chamada ritualmente de *phaxsimama*, invocada para proteger aqueles que a utilizam dos riscos que os ameaçam, no mundo urbano da modernidade capitalista (Harris, 1987). No culto contemporâneo das *ñatitas*, realizado a cada 8 de novembro no cemitério geral de La Paz,[66] devotos inserem moedas nos olhos de caveiras humanas. Igualmente, na leitura da folha de coca feita pelos *yatiris*, a moeda que é posta na ponta do tecido ritual em que se realiza a *quqa uñjaña* (leitura ou consulta à folha de coca) é chamada de *nayracha* (substantivo objetivante de "olho"). A coca é o olho que (se) vê na moeda; a moeda é o olho que vê o passado pelas cavidades oculares de

65 A autora faz referência às minas de prata do Cerro Rico de Potosí, que dá nome à cidade de Potosí e ao departamento de Potosí. A mineração colonial da prata de Potosí começou a partir de meados do século XVI e atingiu seu auge em meados do século XVII. Até hoje, diversos minérios ainda são retirados da montanha. [N.T.]

66 Refiro-me aqui ao culto às caveiras — crânios humanos — como protetoras das casas e negócios da população de La Paz, comumente conhecidas como *ñatitas*. Sua festa principal é realizada no oitavo Dia de Todos Santos no Cemitério Geral de La Paz.

"Índio, astrólogo, poeta que sabe do círculo do Sol e da Lua, eclipse, estrelas, cometas, e hora, domingo, mês e ano, e dos quatro ventos para plantar a comida, desde tempos antigos" (Poma de Ayala, 1615, fl. 883).

uma caveira. Estas são formas de tratar o dinheiro como valor de uso e de reintegrá-lo à sua origem: os veios de mineral que jazem nas montanhas, cujas energias têm o poder de fornecer sorte ou azar às trocas. Assim, as múmias de Arequipa tinham a dupla função de atrair a fertilidade dos produtos e a do próprio dinheiro, convertendo as relações e alianças comerciais em pactos sagrados de lealdade e reciprocidade.

A economia política modernizante qualificaria essas condutas de arcaicas, irracionais e primitivas. Eu me pergunto: o que é mais racional? Gastar milhares de dólares em um grande **presterío** no Altiplano oferecendo comida e bebida para milhares de pessoas, contratando músicos e dançando uma semana inteira? Isso seria tão irracional quanto as especulações na bolsa de uns jovenzinhos *yuppies* que, entre uma carreira e outra de cocaína, operam transações arriscadas com valores virtuais do mundo inteiro e que, da noite para o dia, podem provocar a falência de uma empresa e até de um país? O que entendemos por racionalidade econômica? Até que ponto vamos conceder à ideologia do progresso todas as mentiras empacotadas com as quais nos envolveram todos esses anos? A crise nos ajuda a encontrar e a revelar essas mentiras; a descobrir a irracionalidade profunda da bolsa de valores; a constatar a alienação humana que se instalou no centro da economia mundial; e a vislumbrar nessas formas comunitárias de economia sagrada uma lógica diferente, na qual podemos nos inspirar para reatualizar maneiras mais orgânicas, saudáveis e humanas de fazer as coisas no (e com o) mercado, mas também resistindo às suas lógicas totalizadoras. Se isso fosse possível, seria preciso se ancorar em uma contraesfera pública formada por uma diversidade de comunidades de vida, em cujas redes e articulações poderíamos (re)construir tecidos de significação e ecologias interculturais, a partir de sistemas de troca material e simbólica realmente existentes e a partir do interior do próprio mercado. É óbvio que o eixo de tal proposta não poderia ser outro senão uma ética do bem comum, não somente no interesse da sobrevivência humana e da reprodução do social como também em prol da recuperação do planeta e da reconexão de nossas pequenas angústias com os batimentos e os sofrimentos da *pacha*.

MERCADO E RITUAL NOS CIRCUITOS DA *WAK'A* POTOSÍ

Gostaria de compartilhar um processo reflexivo em grupo (hoje Colectiva Ch'ixi) que fizemos para o livro *Principio Potosí reverso* (Rivera Cusicanqui & El Colectivo, 2010). Penso em como algo tão marginal como a arte nos deu a oportunidade de nos encontrar com um mundo sem fronteiras, a área ao redor do Lago Titiqaqa e seus nexos com La Paz e Potosí, a partir do qual reconstruímos uma longa história de trocas e vislumbramos, com toda a nitidez, a marca material das *wak'as* como lugares de poder disseminados em uma vasta geografia planáltica e montanhosa.

O Lago Titiqaqa é parte de um sistema de circulação de águas subterrâneas que culminam no mar, também chamado de Mama Qucha ou Mama Quta do Pacífico; sua *wak'a* era Pachaqamaq, na atual costa do Peru, próximo a Lima. Entre Pachaqamaq e a *wak'a* Titiqaqa estava o Qusqu, centro político e cerimonial do Tawantinsuyu. Na região altoandina e em seus espaços de expansão em direção ao Pacífico e ao Atlântico, ocorreu por milênios um sistema de trocas, minuciosamente registrado nos *kipus*. O processo começa com a criação da lhama, da alpaca ou da vicunha, ou do cultivo de algodão, que permite fiar a lã e torcer os fios, e culmina no momento em que o complexo dispositivo de cordões e nós é lido, relido e alterado em cada ciclo anual; seus nós, desatados e refeitos, ou complementados com novas cordas e ramificações.

A conexão do Lago Titiqaqa com o Atlântico é motivo de muita especulação esotérica, mas não deixa de ser sugestivo que a principal praia do Rio de Janeiro se chame Copacabana, nome da *wak'a* da Ilha Titiqaqa e também da Virgem de Copacabana, cujo milagre teria motivado o nome da praia. Segundo a crônica de Ramos Gavilán (1976), a *wak'a* de Titiqaqa (hoje Ilha do Sol) era, em tempos pré-hispânicos, uma enorme pedra azul de duas faces. Certamente, a face feminina olhava para oeste, para o mundo dos ancestrais e do Pacífico, enquanto a face masculina, em direção ao Atlântico, à primeira idade da humanidade e ao território não conquistado da Amazônia.[67] Baseado nessas posições, mediadas pelo tecido *ch'ixi* da economia como fato social total (Mauss, 1979 [2017]), ergueu-se o projeto civilizatório Antis/Andes[68] (Rivera Cusicanqui, 2015b).

De outra latitude, poderíamos relacionar a ideia de *ch'ixi* com o *double bind* batesoniano (Bateson, 1987), que conheci pela mediação de Gayatri Chakravorty Spivak. Ponho em diálogo a noção de *pachamama/pachatata* com a de *planetariedade* que ela adota, preterindo globalidade ou globalização. Parafraseando seu texto: o globo é um ícone do Google, pois o planeta é uma

67 Em outra versão, a *wak'a* Titiqaqa era uma figura feminina que tinha uma faixa de ouro em cima e outra de prata em baixo (Pedro Pizarro, 1571 *apud* Urbano, 1981).

68 O Antisuyu era uma das quatro partes de Tawantinsuyu correspondente ao oriente (floresta). Os Inca nunca puderam conquistar a selva, mas se apropriaram do nome. Com a colonização, chamou-se de Andes a toda a cordilheira, consolidando essa apropriação da floresta pelas terras altas até o presente. [N.T.]

conjunção de seres vivos e palpitantes extremamente complexa e infinitamente variada. Essa noção, conjugada com sua radical sensibilidade como mulher, abre caminhos possíveis para encontrar uma saída à disjunção asfixiante do colonialismo, algo como uma "epistemologia do sul", mas em chave feminista (em onda elitista). Em *La muerte de una disciplina* (2009), Spivak estabelece uma discussão cortês com Jacques Derrida em torno das insuficiências da forma "fratria" como fundamento do social, porque esta se constrói como uma "política da amizade" (Derrida, 1998 [2003]). As fratrias não puderam incorporar o "outro" (o mundo feminino, a natureza, o sagrado) e, assim, terminaram sendo espelho de si mesmas. O fundamento das sociedades humanas que existem de fato seria então uma amizade inamistosa, contenciosa e violenta, cujas marcas na paisagem só seriam legíveis pelo rastro da guerra.

No mundo andino pré-hispânico, o casal de maior posição social era o do guerreiro e da tecelã. A violência daquele é visível na cabeça ensanguentada que sustenta na mão direita. O imperativo da vida encarnado por ela em seu lento e detalhado trabalho têxtil não era somente o polo oposto. Os cabelos do guerreiro vencido eram tecidos em meio a figuras de animais e plantas para dar fertilidade aos cultivos e às muitas crias de lhamas e alpacas que entregavam às tecelãs seu novelo colorido, prenda material elementar na qual se funda o tecido (Arnold & Yapita, 1998). A invasão europeia perturbou violentamente esse código masculino-feminino inscrito na criação do social, mas nunca conseguirá extingui-lo por completo. Contenção e violência, entrelaçadas nessa recriação alegórica, formam uma constelação *qhipnayra* em que se desdobram, no aqui-agora, tanto suas energias vivificantes quanto seus perigos abismais.

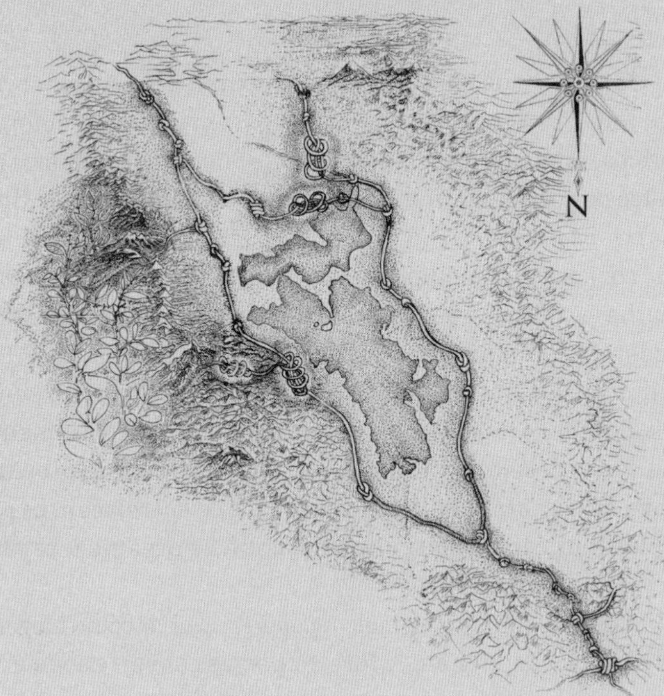

Os *kipus* foram um sistema de memorização e de registro usado pela antiga gente dos Andes, vinculado à arte têxtil e aos significados abstratos de nós e cores. A maior coleção de *kipus* pré-hispânicos é conservada no Museu Etnográfico de Berlim, mas houve pouco avanço no deciframento de sua linguagem, apesar de sua utilização ter continuado em vários lugares dos Andes até pouco tempo. Os rastros de seu uso revelam que se tratava não somente de registros numéricos mas também de inscrições propiciatórias de natureza ritual, que permitiam ordonar o cosmos e enumerar oferendas às *wak'as* ou lugares sagrados de culto aos antepassados. A leitura acadêmica sobre os *kipus* arqueológicos, obcecada por estabelecer regularidades numéricas, terminou por convertê-los em um "código sem mensagem", em uma simetria imponsada com a fotografia, como a define Roland Barthes (1995 [1990]) (Cusicanqui & El Colectivo, 2010; desenho de Efraín Ortuño).

Contudo, suas aporias políticas também se desdobram. Em todas as águas nas quais navegaram os feminismos históricos, uma inconformidade latente emergiu: já estamos cansadas de ser sócias honorárias de fraternidades masculinas (partidos políticos, seitas, congregações, associações, igrejas, corporações, equipes de futebol…). Mas me pergunto: as mulheres realmente querem(os) que os homens sejam sócios honorários em uma sororidade ou antifratria feminina? Para sair dessa disjuntiva asfixiante (*double bind*), é preciso pensar em alguma forma de trama intermediária. É precisamente a ideia ou o desejo do *ch'ixi* que permite criar um ***taypi*** ou uma "zona de contato" (Pratt, 2010) em que se entrelaçam os princípios feminino e masculino de maneira orgânica, reverberante e contenciosa.

Habitar o mundo-do-meio tecendo as *wak'as* como alegorias da batalha cósmica entre forças opostas converte a violência em um princípio de outra natureza: o selvagem revigora o civilizado, o feminino se opõe e complementa o masculino; o tecido incorpora a guerra. Essa alegoria nos leva à ideia de um mundo *ch'ixi* como horizonte possível de transformação emancipadora. Ao viver em meio a imperativos opostos, criando vínculos com o cosmos por meio de alegorias, o equilíbrio *ch'ixi* contraditório e ao mesmo tempo entrelaçado das diferenças irredutíveis entre homens e mulheres (ou entre índios e *mestizos* etc.) tornaria possível outro mundo.

Esse desejo pode adquirir diversas formas materiais: uma comunidade de agricultores urbanos, um casal de ***pasantes*** de ***preste*** que não querem galgar a escada do progresso e, inclusive, algo tão pequeno como pegar uma *wak'a* (ou, melhor ainda, tecê-la) e envolvê-la na cintura. Mas, mesmo que o *ch'ixi* seja um desafio explícito à ideia do Uno, não podemos esquecer que há somente uma *pacha*, somente um planeta;

Capítulo primera calle visita general / Aucacamayoc / de edad de treinta y tres años / valiente mozo, indio tributario.

"Capítulo primeira rua visita geral / Aucacamayoc / de idade 33 anos / moço valente, índio tributário" (Poma de Ayala, 1615, fl. 194).

"Primeira rua Avacoc Uarmi (tecelã) de idade 33 anos / mulher de tributo" (Poma de Ayala, 1615, fl. 215).

não há outro para reposição. Este planeta — nosso planeta terra e seu entorno etéreo — atravessa uma grave crise. Por conseguinte, não seria possível sair de um marco ético de planetariedade a título do *ch'ixi*. É possível que haja muitas maneiras e linguagens para pedir desculpas à *pacha*, para curá-la ou feri-la, mas ela é somente uma. Tem formas, olhos, bocas, ouvidos, lugares fortes, lugares perigosos; é um organismo complexo e múltiplo que estamos apenas começando a compreender, e é urgente fazê-lo. Desejamos estabelecer os espaços e trajetos que nos fazem caminhar (*sarnaqawi*); os espaços sedentários do *lurawi*; os circuitos de memórias do planeta que também estão inscritos em nossos corpos (Rivera Cusicanqui, 2010b). Nossa própria transumância transita por caminhos diversos, por marcas ancestrais que ainda não conhecemos, por nomes recordados de maneira oblíqua. Esses nomes são pegadas, escondem toponímias e coordenadas cósmicas. É necessário redescobrir que, atrás dos nomes de santos ou dos nomes turísticos, vivem os sinais das *wak'as* e das peregrinações ancestrais, a memória dos geômetras (Halbwachs, 2004 [2006]) que imprimiram sobre a paisagem a marca do humano. É necessário reconhecer ainda que, após a invasão colonial, foi possível o surgimento da figura de um santo montado em um cavalo, levando favores ou ameaças como chuvas, raios, granizos etc. Reconhecer isso me custou muito, porque fui anticatólica desde adolescente, quase antirreligiosa. Foi só quando minha mãe morreu que comecei a pensar seriamente na *pacha*, nos ancestrais, nas caveiras, nos mortos e em seus legados aos vivos. Em um percurso que já tem mais de vinte anos, aprender essas relações foi crucial para a minha compreensão do mundo. Contudo, foi conflituoso para mim reconhecer como uma força da *pacha* um santo tão branco, barbudo e católico tal qual Santiago. Tive

El segundo mes, febrero / Paucar Uarai Quilla / sacrificio con oro y plata, y lo recibe, y mollo y uiui, sacrificio con oro y plata, abundancia
[Uarai=pantalón de bayeta=época de tejer o preparar?]
[mullu=concha rodada de caracol marino, uiui=yerba (yuyo?)]

"O segundo mês, fevereiro / *Paucar Varai Quilla* (mês de se vestir com roupas bonitas) / [...] Sacrifício com ouro e prata, abundância." Na cintura, o ofertante carrega uma *wak'a* ou faixa tecida de uso ritual (Poma de Ayala, 1615, fl. 238).

de fazê-lo pelas histórias que vivemos, movendo-nos pelas *wak'as* do espaço *circunlacustre*[69] para a escritura de um livro.

Nosso grupo se chama Colectiva Ch'ixi e, no início de nossa trajetória (2008), fomos convidadas por três artistas e curadores alemães a fazer parte de uma mostra de arte.[70] Essa mostra foi montada a partir de um conjunto de pinturas do barroco *mestizo* colonial, que seriam obtidas com o empréstimo de vários museus e igrejas da Bolívia. Mas, em seu diálogo com personalidades da cena artística mundial, essas obras se mostravam tão desterritorializadas, tão alijadas de seu entorno, que deslocavam por inteiro os laços desse espaço com a economia global que a exposição pretendia apresentar criticamente. Assim, nossa leitura do tema resultou incompreensível a esses artistas conceituais, e tudo o que dizíamos lhes parecia folclore; até quando falávamos de Marx parecíamos, aos olhos deles, muito folclóricos. Havia ali uma atitude de preconceito: é preciso falar de Marx em que idioma? Definitivamente, havia um abismo cultural impressionante.[71] Nós nos rebelamos, renunciamos ao projeto e também a seu dinheiro. Foi então que o diretor do Museu Reina Sofía nos propôs que fizéssemos uma dissidência, talvez porque o projeto original não suprisse suas expectativas. Ele nos ofereceu

69 Refere-se ao espaço ao redor do Lago Titiqaqa. [N.T.]

70 Trata-se da exposição internacional *Principio Potosí*, com curadoria de Alice Creischer, Max Hinderer e Andreas Siekmann, financiada pelo Museu Reina Sofía de Madri. A mostra foi itinerante e circulou entre Madri (maio a setembro de 2010), Berlim (outubro de 2010 a janeiro de 2011) e La Paz (fevereiro a maio de 2011). O livro *Principio Potosí reverso* foi uma espécie de catálogo dissidente dessa pomposa exibição (Rivera Cusicanqui & El Colectivo, 2010)

71 Ver, a esse respeito, o trabalho de Molly Geidel em Rivera Cusicanqui e El Colectivo (2010).

uma sala adjacente para montar uma instalação com vídeos e comunicar separadamente os resultados da pesquisa, além da publicação de nosso próprio catálogo. Quando chegou o momento — éramos somente oito pessoas —, duvidávamos se teríamos forças para encarar ambos os trabalhos. Fomos então aos nossos *yatiris* para consultar a folha de coca e deixar que ela decidisse entre fazer o catálogo, além da exposição na sala, ou somente o livro. A coca disse claramente — por meio das bocas dos *yatiris* Roberto Guerrero e Francisca Paye — que não nos metêssemos em confusão; participando da mostra, não seríamos entendidos. Don Roberto nos aconselhou a fazer somente o livro porque "o único Deus que eles conhecem é a ciência".[72]

A primeira coisa que fizemos foi desmontar o esquema habitual de leitura porque, ao percorrer os círculos sagrados no mundo andino, se caminha (ou se saúda, ou se ***ch'alla***) em direção contrária à dos ponteiros do relógio. Todos os gestos rituais andinos são feitos no sentido inverso à leitura e à escritura do castelhano, o que indica que a diagramação do livro teria de ser feita ao contrário: de baixo para cima e da direita para a esquerda. No entanto, nossa proposta *ch'ixi* implicava também que prestássemos atenção à outra face: ao mundo do mercado, do poder e do museu, cuja leitura-escritura segue a convenção hispânica. O livro tem, portanto, a estrutura de um corpo, a do ***tari*** ritual. Esse tecido é feito intuitivamente, colocando o corpo em um processo de reflexão e (auto)conhecimento de grupo (***jiwasa***): um *sentipensar* itinerante, tanto linguístico quanto espacial. Por esse motivo, o texto articula duas metades. Os princípios

72 As palavras de Don Roberto foram gravadas em uma sessão de recriação dessa consulta, que conservamos em arquivo.

opostos da nossa constituição *ch'ixi* ocupam espaços simétricos e equivalentes: o lado escuro, feminino, à esquerda, é lido passando as páginas ao contrário, e o lado masculino e branco, à direita, é lido na ordem habitual. A leitura começa na metade (*taypi*).

Nesse espaço, observa-se a centralidade do Cerro Rico de Potosí, que representa a chegada de um novo deus. O mundo antigo — o velho mundo — estava aqui havia milênios, e o mundo novo chegou da Europa. Esse novo mundo é o do dinheiro, e o deus dinheiro, encarnado no ouro e na prata, se materializou nos Andes coloniais e no Cerro Rico de Potosí. Como o nosso território reflexivo é *circunlacustre*, justapusemos Potosí à imagem do Lago Titiqaqa, rodeado não de caminhos, mas de *kipus*, cujos nós principais foram as igrejas/*wak'as* que articularam nosso trajeto pelos cenários do barroco colonial andino.

Por meio da metáfora e da materialidade dos *kipus*, buscamos compreender a função da matemática sagrada na prática e na teoria do valor das populações que habita(ra)m esse território. Atualmente, há cerca de setecentos *kipus* sobreviventes, dos quais 320 estão encerrados em urnas climatizadas no Museu Etnológico de Berlim. A interpretação mais comum é a de que os *kipus* eram um sistema de contabilidade dos Inca. Isso não é de todo correto. Sem dúvida, tratava-se de uma forma de contabilidade propiciatória: uma tradução contável do desejo, para expressá-lo de algum modo, pela qual promessas e entregas, além de muitas outras atividades, se fixavam como nós. Até três gerações atrás, havia nos Andes leitores e fabricantes vivos de *kipus*. Nenhum museólogo, que eu saiba, se interessou para além da conservação do objeto material. E os objetos materiais, tão tristemente dessimbolizados e despojados de sua densidade epistêmica, são transformados em códigos sem mensagem, matemática serial abstrata. O que sabemos dos fabricantes vivos de *kipus*, com os quais alguns colegas, como Frank Salomon, puderam conversar antes que morressem, é que envolviam numerologias sagradas que são utilizadas enquanto os fatos vitais e totais da vida comum são registrados (Salomon, 2004). Os *kipus* expressam essa condição *ch'ixi* de algumas práticas e conceitos aimará; a saber, uma espiritualidade absolutamente vinculada ao *quantum* da vida material (Arnold, 2008): a produção de bens, a fertilidade da terra, a quantidade de oferendas, a reciprocidade rigorosamente calculada. E, hoje em dia, essa aritmética é vista nas festas e nos *prestes*, quando os casais convidados são questionados se trouxeram *cariño* ou *cumplido*,[73] e se anota em um caderno com quanto se está iniciando ou devolvendo um circuito de *ayni* (normalmente em caixas de cerveja). Assim, ficam registrados os compromissos de reciprocidade diferida, os direitos e deveres tacitamente combinados, em um ir e vir de bens e parabéns.

O tratamento que a arqueologia patrimonialista oferece aos restos materiais de nossas culturas omite e empobrece o conhecimento dessas outras formas da economia, aplicando conceitos anacrônicos e sem contextualização geográfica a artefatos culturais como os *kipus*. A lógica de trocas materiais-espirituais que organizou seu uso não é compreendida, tampouco são claros seus nexos com o risco

73 Os termos *cariño* e *cumplido* se referem a um tipo de relação de reciprocidade comum nas festividades dos Andes. O ciclo de reciprocidade se inicia com o *cariño*, ou seja, a entrega de uma contribuição. A partir de então, aquele que recebeu passa a dever uma contrapartida. Quando ele devolve a contribuição, então se fecha o ciclo com o *cumplido*. A reciprocidade não é imediata e seu ciclo é anotado por secretários. [N.T.]

climático e com a reprodução da vida.[74] Mas a escassez de fontes fidedignas para abordar as características específicas da economia andina não nos inibe de imaginar uma alteridade vivida, uma episteme própria das sociedades ameríndias, que é perceptível não somente nos *kipus* como também na paisagem, nas práticas e nos relatos orais das comunidades. Por meio destes, compreendemos como as populações indígenas recriaram e ressignificaram os legados ancestrais, em meio ao **pachakuti** colonial, para forjar as múltiplas expressões de resistência e adaptação criativa, como o "barroco *mestizo*", uma de suas materialidades, que chamamos de "barroco *ch'ixi*", cuja aposta pelo valor de uso é destacada por Bolívar Echeverría (2000).

No livro, desenvolvemos também outro elemento, de caráter linguístico, que pode ser expresso na ideia dos heterônimos pareados: *thaki* quer dizer caminho, mas *takiña* (aimará) ou *takiy* (quéchua) significam dançar. O caminho/baile manifesta em sua dualidade o movimento coletivo dos corpos pelas rotas da peregrinação ritual: o momento em que o *thaki* é povoado por danças e cantos. Essa articulação na travessia pelos caminhos que unem as *wak'as* se constitui como uma troca de energias corporais e anímicas com o cosmos, que envolve também uma série de fluxos materiais. O sacrifício do próprio corpo faz parte dos múltiplos circuitos que conectam coletividades distantes e próximas, e também as conectam com as dimensões sagradas de sua economia, inscritas na paisagem.

74 Os *kipus* são uma arte táctil, e ainda que o significado dos distintos tipos de nós não seja conhecido com precisão, Nelson Pimentel entrevistou pessoas idosas no Altiplano de Oruro e pôde decifrar vários *kipus*. Isso não significa que sua interpretação seja válida para os *kipus* arqueológicos. Ver Pimentel (2004).

Em um exercício conceitual metafórico, identificamos os principais nós dos *thakis* nos *kipus* com certas igrejas do entorno *circunlacustre* e do eixo mineiro-mercantil. No século XVI, o Concílio de Lima[75] determinou que deveriam ser erigidas igrejas nos locais em que havia *wak'as*; é de se supor, então, que os lugares mais poderosos estão debaixo das principais igrejas. Isso ficou evidente no México, com os trabalhos arqueológicos em um templo maior; em La Paz, com a demanda dos *yatiris* ao governo de Morales; e em Quito, com o trabalho visual de Cristóbal Cobo e José Luis Macas.[76] Os circuitos de *kipus* representados em *Principio Potosí reverso* traçam o perfil da rede de caminhos inca e pré-inca ou *Qhapaq Ñan*. Fazemos referência, assim, a um macrossistema circulatório que articulou uma diversidade de territórios descontínuos por meio de coordenadas cósmicas comuns. Em um percurso que vai do poente ao nascente, o macroespaço do Tawantinsuyu articulou três importantes *wak'as* em torno do umbigo de Qurikancha em Cuzco: Pachaqamaq, na costa pacífica; Qupaqawana, na Ilha do Sol; e P'utuxsi, que logo seria conhecido como o Cerro Rico de Potosí.

75 A terceira constituição do I Concílio de Lima, de 1552, ordena "que as *guacas* [*wak'as*] sejam derrubadas e que, no mesmo lugar, se for decente, igrejas sejam feitas" (*apud* Salles-Reese, 1991).

76 Ver, por exemplo, o trabalho de José Luis Macas Paredes, disponível em: http://joseluismacasparedes.blogspot.com/. Sobre os *yatiris*, quando Evo Morales assumiu a presidência da Bolívia em 2006, um congresso de sábios andinos exigiu a demolição do templo de São Francisco em La Paz, por se encontrar erigido sobre uma importante e poderosa *wak'a* pré-hispânica. Em relação a Cuzco, é sabido que, sobre as ruínas de Coricancha, foi construída a igreja/convento de Santo Domingo.

Com o processo de colonização, o ouro e a prata foram o fantasma e o sonho obsessivo dos invasores, que os conduziram a violências inimagináveis, das quais há abundante registro e pesquisa. Ainda que não seja possível negar que o sofrimento e a morte fossem inerentes à história colonial de Potosí, a leitura desse processo não pode se esgotar em um discurso de lamúria.[77] Por trás da lenda da descoberta impensada, da característica mortífera da montanha e da presença providencial de seus exploradores europeus, outra história fascinante está oculta, narrada em um trabalho etno-histórico de Platt e Quisbert (2008) sobre as disputas políticas entre as elites inca e as facções rivais de conquistadores. Essa história começa elucidando por qual motivo os andinos decidiram encobrir a existência da montanha, para revelá-la de maneira tática e política ao rei de Espanha em uma tentativa (infrutífera) de pactuar uma submissão que lhes permitisse uma margem de autonomia, autogoverno e controle de seus territórios.

Muito antes da invasão, havia extração de prata em Porco, uma mina próxima a Potosí, e se fundia mineral com a engenhosa técnica das *wayras*, fornos que usavam o vento como principal força ativadora. Mas os governantes inca decidiram poupar P'utuxsi da extração mineral, para convertê-la em um santuário dedicado ao culto do Sol, do Raio e da mineração. O que estava em jogo era enorme. Essa montanha foi um elemento-chave na reprodução e na ampliação do Tawantinsuyu, pois dele dependiam não somente a fertilidade e a abundância do vasto senhorio Charka-Qaraqara e dos demais senhorios de Charkas, mas também as relações com a fronteira crítica do Antisuyu. Isso pode ser visto,

77 O exemplo mais difundido dessa visão vitimista é a obra de Eduardo Galeano, *As veias abertas da América Latina*.

inclusive, no detalhe: o santuário do cume da montanha, do qual seu suposto descobridor, Diego Wallpa, extraiu um saco de prata pura que revelaria a Veta Rica, estava ornado de tapetes de pele de jaguar, animal emblemático das selvas orientais, cujos sacerdotes se transformavam em jaguares com a ajuda de substâncias psicotrópicas (Platt & Quisbert, 2008). Riqueza e poder, ouro e prata eram, então, os termos usados por espanhóis e andinos, em linguagens mutuamente ininteligíveis, e esse foi o princípio do caos, do sofrimento e da mortandade que adveio do *pachakuti* toledano. Isso nos revela o abismo epistêmico entre andinos e europeus, o bloqueio que sofrem os primeiros pelo anseio de que os segundos compreendam a noção de um poder fundado no nexo entre as riquezas da terra e os desígnios do sol, do raio e dos astros; no entendimento do ouro e da prata como condutores de comunicação e reciprocidade entre governantes e governados, entre humanos e deidades, e entre diversos povos e domínios territoriais. Em contraste, os europeus transformaram o ouro e a prata em objetos de culto fetichista e competição espoliadora.

Irrompendo na superfície do futuro/passado, vemos que até hoje a prata e o ouro são ofertados no mês de fevereiro (como mostra a figura da p. 72); as pessoas precisam se enfeitar e se vestir com cores vivas para atrair abundância e bem-estar. No Carnaval, os olhos da *pacha* se abrem, as flores nos olham, e assim temos de estar adornadas e elegantes. Há uma *morenada*[78] cuja letra diz "a *ñust'a* mais linda de Oruro tem olhos cor de prata, lábios cor de ouro". Para o autor dessa música, José "Jach'a" Flores, a mais linda *ñust'a* de Oruro seria a cerveja,

78 Dança tradicional de origem imprecisa presente em diversos países andinos, incluindo Bolívia e Peru. [N.E.]

pela sua cor dourada, coberta com uma espuma branca como a prata. A cerveja se converteu, assim, em uma bebida ritual, utilizada abundantemente em carnavais e em toda cerimônia do ciclo anual, em substituição à *chicha*.[79]

Há uma sintaxe no presente contínuo que reatualiza dinâmicas e significados elaborados e reelaborados desde a antiguidade. Sobre os metais preciosos, Waman Puma aponta que os andinos não entendiam por que os espanhóis queriam ouro e prata em qualquer mês do ano, que tal estranhamento era incomensurável. Em um dos desenhos do capítulo sobre a conquista, Waman mostra o oficial Candia em um diálogo aparentemente horizontal com o Inca, como se estivessem medindo sua mútua inteligibilidade. Wayna Qhapaq lhe pergunta "*kay quritachu mikhunki?*" [este ouro comes?], e ele responde "este ouro comemos" (Poma de Ayala, 1615, fl. 369). Foi assim que os andinos consideraram os espanhóis seres não humanos, porque comiam ouro e queriam ouro e prata o tempo todo, objetos rituais que eram destinados às *wak'as* apenas em momentos especiais do ciclo anual. E essa mútua ininteligibilidade, baseada na palavra equívoca, mostra o colapso da ideia do humano, talvez o legado mais duro da colonização.

O QUE FAZER COM O MERCADO?

Como vimos, a ideia de um equivalente geral para trocar bens e serviços estava longe do horizonte cognitivo dos povos andinos pré-hispânicos. Contudo, no calor do auge *potosino*, começou a ser gestada uma consciência do poder da prata e do dinheiro, poder que foi uma esfera em disputa entre índios

79 Bebida tradicional feita de milho fermentado. [N.T.]

e espanhóis. Nem bem se consolidara o sistema colonial, as redes de parentesco e de aliança se rearticularam em torno dos mercados regionais e inter-regionais, em um acordo ambivalente com esse novo deus, o dinheiro, não por acaso associado à figura do diabo. O "Tío" da mina é quem, até hoje, controla as veias de minerais, e com ele é necessário dialogar durante o ano todo, especialmente no Carnaval.[80] Se o mal existe, não é possível evitá-lo; é preciso fazer amizade com ele. É uma força da natureza, que a sociedade andina antiga conhecia na forma de *anchanchus*, *jap'iy ñuñus* e um acervo de figuras malignas. Era necessário conjurá-las, domesticá-las, dar-lhes a direção favorável, para poder regular e reorientar o mundo do caos. As forças malignas habitam o mundo do caos, que é essencial para a ordem humana, porque é lá onde se abriga a fertilidade ctônica do interior da terra.

A economia colonial se articulou em torno de crenças no sagrado que estão por trás de práticas monetárias, incluindo a acumulação, a poupança, e as formas de circulação nas quais o valor carrega certo espírito de seus portadores anteriores e irradia sinais de abundância ou desgraça, dependendo das energias, invejas ou desejos que transporta. Essas concepções estão muito presentes no mundo mercantil atual. Portanto, mais que desmercantilizar, creio que teríamos de falar em desalienar ou desprivatizar. Considero determinante o problema da apropriação privada de recursos, conhecimentos e significados múltiplos que emergiram de uma acumulação

80 O "Tío" tem seu próprio espaço no interior da mina, onde os mineiros param temporariamente para compartilhar com ele um *akhulliku* de coca, um trago de álcool puro e alguns cigarros. Em geral, é representado como uma figura sentada, feita de barro mineralizado, com cara de diabo e um falo ereto.

histórica de trocas entre pessoas e comunidades, entre entidades humanas e não humanas; entre diferentes. Penso a partir de um lugar no qual ocorre uma persistente desobediência ao mercado capitalista e no qual há gestos paródicos que expõem a estrutura de sua "mão invisível", como comprar e vender notas em miniatura na feira de Alasitas. Esses gestos iconoclastas só são concebíveis em uma sociedade que ainda não foi enquadrada na lógica dos supermercados. Quando a relação entre a compra e a venda se despersonaliza a tal extremo que apenas se mede uma etiqueta e, rapidamente, com um gesto mecânico, paga-se com um cartão de crédito, já quase não há interações humanas. O supermercado tem ainda uma existência marginal na Bolívia. Houve uma modernização do Mercado Lanza em La Paz, uma tragédia estética que, no entanto, não conseguiu romper com as lógicas da *casera*[81] nem com as redes de relações afetivas/efetivas que atuam em seu interior. Houve um processo de reacomodação, mas práticas antigas foram mantidas. Há grandes grupos populacionais para os quais essa resistência tem a forma de uma desobediência cotidiana, mas sem atingir extremos. Em outras palavras, diante da normalização mercantil capitalista apoiada nas leis, o que surge no outro polo não é a ilegalidade cabal, o crime organizado, a anomia e a destruição do tecido social. Isso ainda não ocorre na Bolívia, e digo isso sabendo que pode não passar de um desejo para conjurar a deterioração que já começa a ser sentida.

É concebível libertar o mercantil de suas formas alienantes? É possível descolonizar o trabalho e o mercado? Parece-me

81 Pessoa que comercializa, neste caso, vendedora. A definição da Real Academia Espanhola (REA) é "vendedor assíduo, em relação a seu cliente".

que essas poderiam ser formas de indagar a respeito, mas por que vamos desmercantilizar a modernidade? Nós participamos, com outras comunidades produtivas, de feiras ecológicas, *qhatus* e feiras clandestinas: estamos no mundo urbano. Há vias modernas e alternativas de escambo, mas não são as únicas que podemos fazer. Nas formas mercantis populares, abrigam-se saberes organizativos em torno do dinheiro, como o *pasanaku*, um modelo de crédito popular baseado no sorteio, beneficiando a todos os participantes igualmente. É uma economia de boa-fé, que vem sendo capturada pelos bancos mediante a apropriação do nome de certos códigos de conduta, que se subordinam à reprodução do capital empresarial. O que está em jogo é significativo. A Feira do Desaguadero, na fronteira entre Peru e Bolívia, é (ou era até pouco tempo) um espaço onde circulavam cinco milhões de dólares por dia sem nenhum documento de crédito; ou seja, eram créditos e consignações baseados na boa-fé e no prestígio. Ali não era possível que uma senhora desaparecesse com a mercadoria de outros sem graves consequências para ela e sua família. Com a astuta incursão do "banco solidário" e das benesses operadas pelo populismo estatal, tais impulsos estão perdendo muito de sua autonomia.

Contudo, a sedimentação dessas práticas se expressa na renovada vigência dos circuitos regionais e locais de longa duração, que ainda assumem lógicas redistributivas e comunitárias, cuja expressão mais visível se dá nas assembleias de base, nas feiras e nas festas. Em nível local, essas lógicas compõem o tecido das associações e dos sindicatos de pequena escala, e de todo tipo de comunidades que persistem em suas práticas (re)produtivas. Entretanto, em anos recentes, a cooptação estatal das lideranças — de maneira análoga à astúcia bancária — fraturou suas resistências e estancou suas potencialidades. Nessa mistura, duas lógicas se encontram. Poderíamos chamá-las, nos termos de Bolívar Echeverría, de *éthos* realista, que aceita o existente e amplia os circuitos da subordinação, e de *éthos* barroco, que resiste a esses processos de colonização interna, subvertendo-os ao mesmo tempo que convive com eles.

De toda forma, vemos que há um jogo de oposições e alteridades no interior do próprio mercado. Um exemplo que pode nos ajudar a vê-lo ocorreu na festa de Guaqui em homenagem a Tata Santiago (que acompanhamos no dia 25 de julho de 2009). É uma celebração que dura uma semana, congrega multidões, e na qual dez dançarinos de *morenada* dedicam sua energia a esse santo. Descobrimos que o *pasante* da festa gastou naquele ano cinquenta mil dólares e promoveu, inclusive, um concerto gratuito do famoso grupo Los Kjarkas. Éramos cerca de dez mil presentes, e todos tínhamos música, comida e bebida, generosidade ritual que nos comprometia. Ora, a que se dedicava o *pasante* que ofereceu a festa? É, ou era, a liderança de uma rede de oficinas de costura em Buenos Aires, onde certamente também ocorrem formas perversas de reciprocidade. Sobre esse tema, não é possível falar em um universo idílico; só o que posso dizer é que ali não vi escravidão, porque esse é um termo que os liberais e os marxistas aplicam à situação de migrantes bolivianos no Brasil e na Argentina. Vi gente que pagava o *derecho de piso* (reciprocidade diferida),[82] que economizava com muito esforço e que logo faria o mesmo,

82 *Pagar el derecho de piso* se refere, de maneira ampla, a um conjunto de práticas vinculadas à condição laboral inferior de trabalhadores inexperientes em um novo local de trabalho. [N.T.]

montar sua própria oficina, ou talvez retornar à terra natal e "*sentar reales*"[83] como *qamiri*.[84]

Reconheço que há formas colonizadas de trabalho nas oficinas de costura, mas, se isso é generalizado, logo são chamados de escravos, e a única possibilidade que há é "libertá-los"; o que poderia significar deixá-los na rua, porque as pessoas vivem disso, afinal. Muitos operários são retidos, mas não a maioria, e, além disso, trata-se de uma situação temporária. Ainda que seja um problema sério, a intermediação política que essas populações estigmatizadas buscaram acabou sendo mais arriscada, já que se sustenta em lógicas corporativas que fazem uso instrumental da alteridade cultural. Mas as intervenções liberais ou esquerdistas ignoram esses fatos e só complicam a situação. Por outro lado, o trabalho de Verónica Gago (2014 [2018]) e do Colectivo Situaciones em Buenos Aires ou o ativismo do Colectivo Simbiosis, de migrantes bolivianos, se distanciam desses dualismos asfixiantes. Os autores do "Manifesto Ch'ixi"[85] criaram uma editora chamada Retazos; recolhem nas ruas as sobras de tecido que são descartadas pelas oficinas, costuram capas de livros e fazem edições piratas com cartolina e cores vivas. Questionam e propõem

83 *Sentar reales* se refere ao ato de instalar-se em algum lugar e investir socialmente. Mais precisamente, evoca um gasto social de amizade que alguém faz ao se instalar em um bairro popular ou em uma comunidade. [N.E.]

84 Sobre esse tema, fui convocada pelos Colectivo Simbiosis e Colectivo Situaciones (2011) a um debate em que fui duramente questionada em relação a essas ideias, em uma lição de teoria crítico-prática pela qual lhes sou grata.

85 Manifesto originalmente publicado em Colectivo Simbiosis e Colectivo Situaciones (2011), e reeditado na antologia de Rivera Cusicanqui e Ayllón Soria (2015) como parte dos textos do concurso do Clacso sobre o pensamento social latino-americano.

alternativas de grupos solidários às pessoas encerradas nas oficinas e ao seu entorno; fazem campanhas para visibilizar seus problemas com habilidade e sensibilidade em relação aos assuntos da cultura e da linguagem. Essa é uma forma de trabalhar a partir dos resquícios e das fissuras abertas pelo sistema, mas sem pretensões missionárias, que é o que sempre ressaltou a esquerda bem-pensante. Depois vem a polícia e os expulsa, fecha as oficinas, as pessoas acabam na rua, e os denunciantes voltam às suas casas tranquilos porque não têm problemas de sobrevivência.

Há certa crueldade nesse estilo de questionamento, e isso ocorre porque a teoria não refletiu sobre o significado dos duros cenários de sobrevivência. Paradoxalmente, são também os cenários comunitários nos quais a alegria de viver, a redistribuição de excedentes e a generosidade ritualizada — os *potlatch*[86] das festas — se tornam visíveis como formas disruptivas e contenciosas de expressar seus dilemas. Assim, a resistência cotidiana nutre as multidões de repertórios, que irrompem ciclicamente na esfera pública, e dota sua "economia moral" (Thompson, 1995 [1998]) de uma série de recursos antissistema.[87] Por exemplo, quando ocorreu o *impuestazo*[88]

86 Cerimônia de distribuição de bens praticada por povos indígenas norte-americanos. [N.T.]

87 Refere-se ao sistema de dominação capitalista colonial. [N.E.]

88 Medida tomada em 2003 pelo governo de Sánchez de Lozada, que estabelecia que trabalhadores, operários e empregados de classe média teriam de entregar parte de sua renda ao estado. A resposta de diversos setores populares não tardou e, em fevereiro de 2003, explodiu um motim policial contra o *impuestazo*, o que resultou em um enfrentamento armado com presença do exército boliviano na Praça Murillo, em La Paz.

de 2003 ou o *gasolinazo*[89] de 2010, as comunidades de El Alto e La Paz se articularam em rede para exercer suas próprias formas de fazer política e expor suas queixas como requisitos éticos do poder.

É importante atentarmos para as articulações do cotidiano com a política no sentido mais geral. A satanização do mercado não seria uma forma de simplificar, em busca da idílica harmonia da "economia natural", outra variante do sonho europeu do bom selvagem? Não seria uma forma de negar que, nessa história, as complexidades podem jogar a nosso favor? Parece-me que temos de nos mover em vários mundos ao mesmo tempo. Não é possível apostar tudo em um mesmo tipo de estratégia sem que isso signifique conciliação com as forças inimigas. É preciso ter uma clara bússola ética para saber o que pode ou não ser feito. Penso que, nas linguagens e práticas populares, há uma margem de manobra que permite operar múltiplos nichos ecológicos, jogar em lados diversos, com várias cartas, mas sem perder o eixo. Da mesma forma, isso nos permite apostar em lógicas de sobrevivência urbana, não somente material mas também cultural e política, por meio da criação de espaços de questionamento e práticas na contramão da degradação da política e das apostas delirantes nos fetiches do desenvolvimento e do progresso.

89 Medida tomada em 2010 pelo governo de Evo Morales que aumentava o preço dos combustíveis entre 57% (gasolina) e 82% (diesel), com o alegado intuito de acabar com o contrabando de carburantes aos países fronteiriços. Após o anúncio de aumento de preços, ocorreram intensos protestos durante uma semana, sendo esse um dos momentos mais críticos desde que Evo Morales começou a governar a Bolívia. E Morales teve de voltar atrás em relação a essa surpreendente medida.

Com relação a este último ponto, gostaria de destacar que a ideia de desenvolvimento, vista pelo mundo *ch'ixi*, implica um jogo de duplos sentidos. É um *rollo*[90] do qual vivem muitas pessoas; uma forma de vender ideias que se tornou uma *doxa*, uma opinião inquestionável, pois ninguém que fale contra o desenvolvimento consegue trabalho nas instituições do mundo "em vias de desenvolvimento". Por outro lado, se trata de um *rollo* no sentido historiográfico do termo. O *rollo* era um pilar feito de pedra erigido em frente à igreja nos *pueblos de reducción*[91] na época colonial. No *rollo*, hereges e revoltosos eram amarrados e submetidos ao escárnio público. Há vários desenhos de Waman Puma que mostram pessoas sendo açoitadas no *rollo*, índios nus flagelados por espanhóis ou mulatos. Nesse sentido, o desenvolvimento também é um *rollo* punitivo, uma forma de disciplinamento cruel dos corpos indígenas, em nome de metas de produtividade e especialização que rompem com a lógica do múltiplo; da sobrevivência que transita por vários espaços e distâncias; da pluralidade de sentidos e também da diversificação de estratégias, cujas formas vão da policultura à articulação rural-urbana e transnacional. Uma estratégia diversificada é mais sustentável do ponto de vista social e ecológico do que apontar somente para uma atividade ou para a monocultura, o que foi demonstrado pelo trabalho antropológico há décadas.

90 *Rollo* aqui tem o sentido de "enrolação". [N.T.]

91 Os *pueblos de reducción* datam das reformas toledanas do final do século XVI e foram estabelecidos para facilitar a conversão religiosa e o recrutamento de mão de obra indígena para a *mita*, organizando comunidades e *ayllus* das proximidades geográficas. As *reducciones* tiveram impacto profundo na organização das populações indígenas do Altiplano, e muitas cidades e povoados provinciais de hoje datam desse período. [N.T.]

A economia do parentesco, imbricada em circuitos mercantis e alianças transnacionais, exemplifica bem a diversidade de cenários nos quais as lógicas *ch'ixis* de sociabilidade se reproduzem e se ampliam. Essas lógicas nos ensinam as "armas dos fracos" (Scott, 1985) e as astúcias cotidianas que nos permitem resistir à força devastadora do capital e do estado com base nos espaços moleculares de suas próprias fissuras e aporias. Compreender isso nos ajudará a superar a visão missionária das práticas mercantis populares e talvez a construir comunidades de sentido cada vez mais sólidas e multiplicáveis, para perfurar, de maneira mais certeira, a corpulência institucional e a embriaguez discursiva que pesam sobre nossas cabeças.

Penso ser um privilégio viver em um espaço no qual é possível experimentar e repensar coisas como a desobediência organizada, a resistência comunitária, as formas comunais de autogestão, a desprivatização *de facto* de serviços e espaços públicos, as formas alternativas e iconoclastas de fazer política com base no cotidiano/feminino, que ajudam a nos defender das lógicas perversas do sistema capitalista. A batalha de resistência à privatização da água, do ar, das florestas e cordilheiras se estende a todos os níveis; nossas ideias também são matérias-primas expropriáveis. Mas é bem difícil pensar que espaços descolonizados possam ser construídos no interior da academia, da individualidade da cátedra, ou na solidão da produção teórica. Considero necessário formar coletivos múltiplos de pensamento e ação, *corazonar*[92] e pensar no comum,

92 Tradução baseada na noção maia de *ch'ulel*, que é equivalente ao *chuyma* aimará, lugar a partir do qual pensamos com o coração e a memória (*amuyt'aña*). Apresentação de Xuno López Intzin no diálogo "Pensar y practicar la descolonización", México, 16

Corregimiento / Corregidor afrenta al Alcalde Ordinario por dos huevos que no le da mitayo / provincias.

"Corregimento / corregedor afronta o prefeito ordinário por dois ovos que não lhe dá o *mitayo* / províncias" (Poma de Ayala, 1615, fl. 499). [*Mitayo* é o nome que se dava ao indígena que cumpria com a obrigação da *mita*, ou seja, migrava temporariamente para trabalhar nas minas de Potosí ou em outros polos mineradores — N.T.]

para poder enfrentar o que nos vem. As expressões de declínio do sistema podem ser perigosas. Esse sistema decadente é extremamente maligno, malignamente perigoso. É preciso, portanto, recuperar saberes que estão escondidos, que têm relação com maneiras de enfrentar as crises ambientais, as crises de serviços, as crises de abastecimento. Precisamos estar preparados! Preparados como? Penso que isso só será possível através das comunidades (ancestrais ou modernas, de parentesco ou de afinidade) que sejam capazes, simultaneamente, de fazer e falar, de trabalhar com as mãos ao mesmo tempo que trabalham com a mente, mas também comunidades que não obliterem nem silenciem as vozes dissidentes, as formas femininas e ancestrais de criar o político e buscar o bem-estar comum. Além disso, a ocupação dos espaços me parece importante: a recuperação de terrenos públicos privatizados, sucateados; a retomada dos espaços visuais cobertos por mensagens estridentes de comércio e política. É preciso se valer de recursos múltiplos, de gestos diversos que têm a ver com ações que podem ser musicais, artesanais e de ação de rua, tecendo sob alegorias de interconexão que, em última instância, farão brotar outra linguagem da politicidade.[93]

O âmbito do consumo é igualmente importante para a ação política. É fundamental repensarmos nossos consumos cotidianos, pois é neles que a distância entre falar e fazer se mostra mais visível. Enraízo essa atitude em uma "política do corpo", como política de sobrevivência: a *micropolítica*. Não

---

de novembro de 2011. Ver também o trabalho do antropólogo equatoriano Patricio Guerrero Arias (2010).

93 Márgara Millán distingue o "político", como expressão cristalizada do poder, da "política" ou da politicidade de toda prática coletiva. Ver, a esse respeito, seu livro *Des-ordenando el género/¿Des-centrando la nación?* (2015).

está ao meu alcance pensar o que é possível fazer em escala macro. Só o que posso fazer é levar a cabo o que acredito, cumprir minha parte, pôr o corpo, fazê-lo em um entorno de comunidades de afetos, que talvez se irradiem para fora e se conectem com outras forças e iniciativas, longe da competição e das estratégias de "sucesso".

Estamos em um processo de reaprendizagem de saberes; creio que precisamos pensar em desprivatizar e em comunalizar nossas ações, buscando a coerência entre o privado e o público. E se para consegui-lo for necessário usar os mercados — existentes ou ainda a serem criados —, temos de fazê-lo. Obviamente, não me refiro aos supermercados — salvo como espaços para sabotagem —, mas às feiras, aos *tianguis*,[94] às iniciativas de troca, às festas e aos acontecimentos de rua. Devemos ativar a ideia de que os produtos que brotam do nosso espírito e do nosso pensamento são também parte dessa circulação e conectam a energia cognitiva com o prazer do ativismo, com os deleites da dança, da troca e da comensalidade em grupo. Para mim, o fato de fazer uso do mercado é parte da lógica ***qhatera***, que se enraíza nas minhas identificações mais elementares. Não tenho por que sentir vergonha de ser o que sou, de trabalhar com o que posso para romper as lógicas que me são impostas. Essas lógicas são as do consumo cego e passivo, ou seja, as formas sonâmbulas do consumo. Sou uma consumidora desperta e ativa, porque consumo o mínimo possível de coisas novas ou globalizadas e o máximo possível de coisas feitas à mão e artesanais, por comércios irreverentes. Também consumo com alegria tudo com o que

94 Mercado ao ar livre típico do México e de países da América Central. [N.T.]

me presenteiam, os convites que recebo ou as coisas que eu mesma produzo.

Atualmente, tudo se converteu em mercadoria, até as dissidências. As dissidências se tornam produtos de marca; é uma situação muito complicada. Recorro à paródia, à burla, ao humor ácido e à "metafísica popular" para desmantelar esses esforços. No caminho, encontraremos coisas para intervir nas intervenções que nos fazem. Em outras palavras, essas são expressões da *micropolítica* que praticamos e que não pretendem nem almejam se meter em imbróglios teóricos ou no insípido confronto amigo-inimigo no qual se converteu a política dos contextos "progressistas" do populismo latino-americano. Creio ser possível interagir de maneira horizontal e em redes de comunidades de vida para conseguir uma maior irradiação da proposta de desprivatizar e desalienar; do desejo de sair do sonambulismo consumista, da competitividade e do individualismo, para liberar energias cognitivas e criativas por meio de práticas comuns. Definitivamente, penso que as estratégias comunais indígenas são enormemente ricas em ensinamentos, como também são as estratégias populares urbanas. Temos muito a aprender nos caminhos, nas praças e nos mercados. As universidades e os livros nos motivam, mas não nos darão as respostas, tampouco nos ajudarão no mais essencial, que é formular as perguntas.

FRAGMENTOS DE *YAPA*[95] EM TORNO DA NOÇÃO DO *CH'IXI*

A tentativa de sintetizar as reflexões sobre a heterogeneidade multitemporal da sociedade boliviana me levou a projetar um diagrama (ver p. 97) no qual se representam as ideias básicas espalhadas em vários de meus trabalhos — por exemplo, Rivera Cusicanqui (2010c). Até o momento, o desenho como tal só foi exposto em minhas aulas no curso de sociologia na Universidad Mayor de San Andrés, em La Paz, para chamar a atenção de meus alunos ao caráter *abigarrado* do presente que observavam em suas pesquisas monográficas. Sem a elaboração performativa da exposição oral, talvez ele fique um tanto esquemático, mas me parece útil como fundamentação de um olhar *ch'ixi* do futuro-passado.

Esse desenho me permite introduzir graficamente o tema da simultaneidade de tempos heterogêneos, que chamei de "tempos mistos".[96] Digamos que 1532 seja o início do horizonte colonial (quando o Inca Atawallpa foi capturado em Cajamarca, sendo assassinado no ano seguinte em Cuzco). As coisas se mantiveram mais ou menos iguais até a década de 1870,[97] quando

95 *Yapa* significa um acréscimo gratuito de quantidade. Por exemplo, no contexto de compra de sucos ou vitaminas em mercados, a *yapa* é oferecida como um agrado ao cliente. No contexto brasileiro, seria equivalente ao "chorinho". [N.T.]

96 "La diaspora interior: marginalidad y tiempos mixtos", apresentação no encontro "Exile and Eclosure" [Exílio e clausura], Cornell University, 13 a 15 de maio de 2016.

97 Omiti deliberadamente a recolonização borbônica do século XVIII e as guerras de independência — marco fundamental da história oficial — porque minha intenção é representar o colonialismo como fenômeno interno e internalizado nas sociedades republicanas. Também me apoio na memória oral comunitária (Taller

se abre o horizonte liberal, com as reformas oligárquicas mais violentas (recolonização territorial, expansão do latifúndio, destruição dos mercados indígenas de longa distância etc.). Finalmente, o horizonte populista seria aberto com a revolução de 1952, que consiste em um processo de cidadania forçada por meio da pedagogia racista da escola, do serviço militar e do serviço doméstico: dispositivos de domesticação da alteridade indígena e da subjugação de suas múltiplas diásporas aos imperativos da hierarquia pigmentocrática colonial.

Na parte inferior da pirâmide, temos vinte mil anos de história autônoma e desconhecida, com um pequeno pedaço da trajetória inca enviesadamente reconstruída pelos cronistas coloniais, que narram uma história imperial de algo que não era propriamente um império; esse é um problema das fontes. Sob a lente do *éthos* europeu e dos *habitus* europeus, os cronistas interpretaram uma sociedade cuja alteridade lhes era inconcebível. Mas o fato é que todos esses horizontes — pré-hispânico, colonial, liberal e populista — confluem na "superfície sintagmática do presente",[98] no aqui-agora do contínuo vivido, como justaposição aparentemente caótica das pegadas ou dos restos de diversos passados, que se expressam em *habitus* e gestos cotidianos, sem que tenhamos plena consciência dos aspectos negados e críticos dessas constelações multitemporais. Ao comer um taco de *huitlacoche*,[99] estou consumindo algo que tem milhares de anos de história; e se me

---

de Historia Oral Andina, 1984), para a qual a independência não marcou nenhum acontecimento memorável.

98 Aprendi isso com o meu professor de roteiro, o brasileiro Chico de Assis, em um curso realizado no Conacine em meados dos anos 1990.

99 Fungo que brota nos milhos, típico da cozinha mexicana e que tem alto valor nutritivo quando combinado com tortilha de milho. [N.T.]

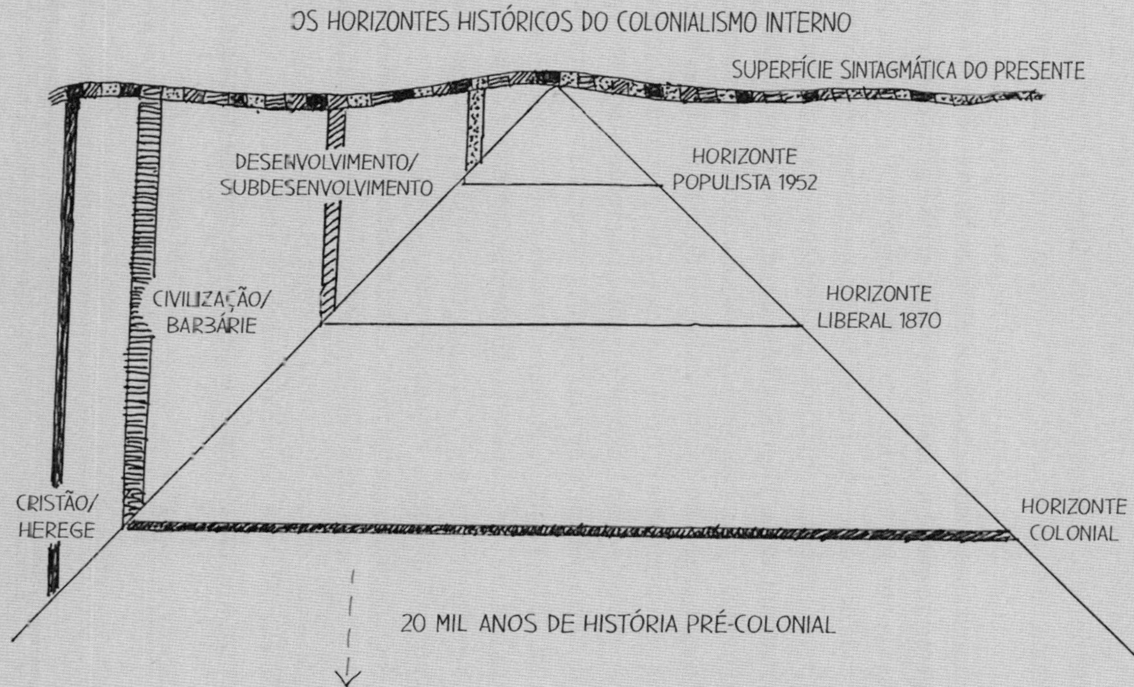
OS HORIZONTES HISTÓRICOS DO COLONIALISMO INTERNO
SUPERFÍCIE SINTAGMÁTICA DO PRESENTE
DESENVOLVIMENTO/
SUBDESENVOLVIMENTO
HORIZONTE
POPULISTA 1952
CIVILIZAÇÃO/
BARBÁRIE
HORIZONTE
LIBERAL 1870
CRISTÃO/
HEREGE
HORIZONTE
COLONIAL
20 MIL ANOS DE HISTÓRIA PRÉ-COLONIAL

sirvo de um *chairo*[100] de **ch'uñu** estou saboreando algo que foi inventado/descoberto há milhares de anos, recriado várias vezes desde os tempos coloniais com adições forâneas, como de favas ou do torresmo crocante que as cozinheiras põem em cima. Na "comida dos índios" saboreamos o tempo da primeira humanidade agrícola e podemos acompanhá-la ao longo de sua trajetória espaçotemporal por nossas terras e pelas **purakas** de nossa gente. Imaginemos, ao longo desses vinte mil anos de passado desconhecido, uma sociedade que domesticou a batata, converteu a geada de maldição em bênção ao inventar o *ch'uñu*, e construiu um território imenso de convivência pactuada, e poderemos vislumbrar seus rastros e configurações espaciais no tempo presente. Temos, assim, sintagmas: unidades mínimas de sentido que provêm desses vários horizontes, com a observação de que a história pré-colonial profunda só pode ser descoberta por meio de suas marcas materiais concretas na produção e no espaço, de suas conexões com os ciclos solares e lunares, de sua manifestação cotidiana em atos criativos, atos de desejo e de imaginação, enraizados na paisagem, nos corpos e na memória viva das pessoas.

A constelação *qhipnayra* que assim se forma também nos ajuda a compreender a resiliência dessa multitemporalidade expressa no *habitus* (Bourdieu, 2007 [2012]). Por exemplo, no momento em que alguém despreza um trabalhador manual, está (re)produzindo um sintagma colonial.[101] Quando alguém

100 Sopa andina que costuma conter carne, batatas e outros legumes. [N.T.]

101 A ralé de descastados que invadiu a nossa terra chegou com mãos vazias e imediatamente se apropriou de vidas e fazendas, relegando à população índia todas as tarefas manuais que desprezava e que tivera de suportar na Espanha. Daí serem chamados de *q'aras*, pessoas desnudas.

pensa: "E se os índios pudessem ser educados e se tornassem cidadãos?", está espalhando por aí um sintagma liberal duvidoso. E quando dizemos: "Dê-lhes bebida, *hermanito*; vão votar em você", estamos em pleno sintagma populista. Temos então uma lógica de recombinação de horizontes diferenciados que se justapõem com camadas de diversos passados em cada momento de nossa vida, e tudo isso é encoberto sob a noção totalizadora da modernidade.

O *ch'ixi* apareceu em meu horizonte cognitivo quando ainda não sabia nomear aquilo que havia descoberto por meio de meus esforços de reflexão e prática, quando dizia "essa mistura estranha que somos". Em algum momento, o mencionei em um trabalho sobre a perda da alma coletiva, quando falei da identidade de um *mestizo* que ainda não podia nomear. E agora que reescrevi esses trabalhos, já consegui atribuir-lhe nome (Rivera Cusicanqui, 2011; 2012). Intitulei o texto sobre "La voz del campesino", manifesto anarquista de Luis Cusicanqui, de "La identidad *ch'ixi* de un mestizo", porque a palavra do autor se expressa em um espaço intermediário no qual o choque de contrários cria uma zona de incerteza, um espaço de fricção e mal-estar que não permite a pacificação nem a unidade. Essa franja intermediária não é, portanto, uma simbiose ou fusão de contrários; tampouco é uma hibridação ou uma identidade. Somente a angústia do desculturado, daquele que tem medo do seu próprio índio interior, pode levá-lo à busca pela identificação com o homogêneo, ao gozo da hibridez. Poderia ser um "não fede nem cheira", esse espaço sem personalidade; poderia ser a outra versão do *mestizaje*, o *mestizaje* colonizado. O *mestizo* ou a *mestiza* que acreditam em uma saída, uma síntese e uma "terceira república", sustentadas no esquecimento das contradições que habitam seus múltiplos passados, só criam uma zona de mal-estar, duplicidade e indeterminação que conduz à penumbra cognitiva e à deterioração ética. Mas também a crise é um "momento de perigo" que talvez nos desvende a urgência de fazer alguma coisa para reverter essa perspectiva de autodestruição, mesmo que seja simplesmente por "não podermos não fazer nada" e ficarmos de braços cruzados.[102]

O culto ao esquecimento foi parte de certas versões historicistas e, inclusive, psicanalíticas do *mestizaje*, que proliferaram na região andina. Entre pensadores do Peru e da Bolívia, é frequente ouvirmos que não podemos continuar marcados pela dor de uma violação porque, supostamente, o *mestizaje* só pode ser produto de uma mulher índia violada por um espanhol. Há irmãos aimará, como Félix Patzi, que sustentam que os *mestizos* têm o sangue manchado por esse pecado, equivalente ao *malinchismo* mexicano.[103] Há uma leitura meio judaico-cristã escondida por trás de uma linguagem de radicalismo étnico à qual tenho resistido, e tenho resistido com uma anedota. Meu sobrenome materno é Cusicanqui, e uma longa linha de antepassados, caciques da província de Pacajes, passou por um processo de *mestizaje* por meio do casamento com mulheres espanholas e *criollas*. A menos que afirmemos que esses

102 Frase que propôs Marco Arnéz em uma reunião da Colectiva Ch'ixi e que adotamos como lema, junto com "a mão sabe".

103 A Malinche é um símbolo notável na linguagem cotidiana do México para referir-se à estigmatização da mestiçagem como consequência da violação de uma ancestral. O *malinchismo* é uma atribuição misógina da cultura mexicana oficial, em que Malinche é considerada uma traidora por exercer a função de intérprete de Hernán Cortés. No entanto, ela assumiu esse papel para proteger seu próprio povo, que era dominado pelo estado asteca. Trata-se de uma personagem complexa que não cabe num julgamento maniqueísta (traidora ou heroína). [N.E.]

homens foram violados, eu diria que eles ficaram satisfeitos com essa conquista às avessas, porque reivindica outras formas de relação e rompe com as normas endogâmicas de casta que são tão próprias de uma sociedade colonial. Porque, para brancos, *q'aras* e *mestizos*, é necessário reencontrar os fios perdidos dessas origens diversas e contraditórias para fazer gestos epistemológicos de reversão do processo colonial e de suas marcas de subjetivação.

Mas, além disso, é preciso recordar o significado da palavra *ch'ixi*: em aimará, designa simplesmente um tipo de tonalidade cinza. Trata-se de uma cor que, com o efeito da distância, parece cinza, mas, ao nos aproximarmos, percebemos que é feita de pontos de cor pura e agônica: manchas brancas e negras misturadas. Um cinza mesclado que, como tecido ou marca corporal, distingue certas figuras — o ***k'usillu*** — ou certas entidades — a serpente — nas quais se manifesta a potência de atravessar fronteiras e encarnar polos opostos de maneira reverberante. Certas pedras também são *ch'ixi*: a andesita, o granito, que têm texturas de cores misturadas em manchas diminutas.

Aprendi a palavra *ch'ixi* da boca do escultor aimará Víctor Zapana, que me explicou quais animais saem dessas pedras e por que eram poderosos. Disse-me então "*ch'ixinakax utxiwa*", ou seja, existem entidades *ch'ixis* poderosas porque são indeterminadas, porque não são brancas nem negras, mas as duas coisas ao mesmo tempo. A serpente é simultaneamente de cima e de baixo; masculina e feminina; não pertence nem ao céu nem à terra, mas habita ambos os espaços, como chuva ou como rio subterrâneo, como raio ou como veia mineral. Don Víctor mencionou também que esses são os animais que servem para "nos defender da maldade de nossos inimigos". Com tecido *ch'ixi* é feita a ***q'urawa*** — a funda andina que continua sendo utilizada nos bloqueios de estradas no Altiplano —, porque a *q'urawa* é também ch'iqa ch'ankha, feita de fios torcidos ao contrário, assim como muitos objetos rituais.

Essas alegorias me inspiram a questionar: por que temos de fazer de toda contradição um dilema paralisante? Por que temos de enfrentá-la como uma oposição irredutível? Ou isso, ou aquilo? De fato, estamos caminhando por um terreno no qual ambas as coisas se entremeiam, e não é necessário optar completamente por uma ou por outra. Isso poderia ser visto como algo ambivalente em termos morais, como o caso da indecisão, ou *pä chuyma* em aimará. Mas *pä chuyma* pode ser um coração ou entranha dividida que reconheça a própria fissura, e, neste caso, poderia se transformar em uma condição *ch'ixi*. Essa constatação não pode nos mentir, fazer com que acreditemos que estamos de um único lado. O outro lado existe, mas, em certas conjunturas, emerge somente como "fúria acumulada". A disjuntiva compreendida e vivida nos permitiu encontrar muitas maneiras de (re)conhecimento de situações complexas e nelas nos orientar, nem sempre de modo conciliador. Não é uma busca de acordos ou arranjos, porque há coisas que não podem ser conciliadas. Há uma bússola ética sobre a qual falei, e tem a ver com a planetariedade, a solidariedade, o reconhecimento das diferenças, o respeito e uma série de elementos relacionados ao que Marx chamara de "preconceito da igualdade" e Jacotot, de "igualdade de inteligências". Precisamos assumir a equivalência de capacidades cognitivas como uma premissa básica, algo que não se dá em nossas sociedades, pois há uma cadeia de desprezos coloniais que pressupõe a "ignorância do índio" e se infiltra nos poros do cotidiano para erigir os muros do senso comum. Sobre as premissas de uma bússola ética e da igualdade de inteligências e poderes cognitivos — certamente expressáveis em uma diversidade de línguas e epistemes — poderá ser tecida uma epistemologia *ch'ixi* de caráter planetário que nos habilitará em nossas tarefas comuns como espécie humana, mas também nos enraizará ainda mais em nossas comunidades e territórios locais, em nossas biorregiões, para construir redes de sentido e "ecologias de saberes" que sejam também "ecologias de sabores",[104] com a "compartilhação" no lugar da competição (nas palavras de Martínez Luna, 2013), como gesto vital, e com a mistura linguística como tática de tradução. Ou seja, para criar simultaneamente um território habitável e o que Gamaliel Churata (1957) chamara de uma "língua com pátria".

O escultor Víctor Zapana me transmitiu outra noção-chave, *wut walanti*, que é o irreparável, aquilo que se rompe, a pedra quebrada. Atualmente, a editora da Colectiva Ch'ixi se chama Piedra Rota, como um reconhecimento dessa fenda colonial que habita em todos e em cada um de nós. É uma forma de dizer que não faz sentido vestir um poncho, sair na rua dizendo "sou um índio puro" e fazê-lo em castelhano, com práticas elitistas e com velhos hábitos patriarcais de poder. O gesto *ch'ixi* surge com o reconhecimento da fenda colonial, da ruptura interna que representou o *double bind* colonial. O *wut walanti* presenteado por Don Víctor nos ensinou que há coisas irremediáveis na história, mas que não devemos chorar pelo leite derramado, que não é possível simular nem ansiar por uma unidade cultural perdida. Uma das coisas que os kataristas e os indianistas diziam da comemoração de 1992 era que já havíamos lamentado quinhentos anos, agora são outros quinhentos anos e começa

104 Aqui me refiro à multiplicidade de iniciativas em torno da soberania alimentar, como feiras e festivais de comida de antigamente, agroecologia e medicina natural, que se proliferaram nos últimos anos e são parte vital da cena antiglobalização.

um *pachakuti*. É o início de um tempo no qual temos de nos afirmar e talvez tenhamos, inclusive, de reverter o lamento e transformá-lo em gesto de celebração do que somos, do que resultamos ser e dos saberes que nos ajudaram a sobreviver. Tal celebração não é narcisista, mas sim um humilde agradecimento à *pacha* que também sobrevive junto conosco. E esse *nós* está se alargando e se interconectando de maneiras múltiplas para alimentar sua (nossa) vida.

O idioma *ch'ixi* que utilizamos cotidianamente segue nos inspirando na tarefa de pensar a descolonização. O aimará tem quatro pessoas gramaticais, não somente três: eu, tu, ele/ela. A quarta pessoa é *jiwasa*, que não é considerado um eu plural, mas uma pessoa singular e também coletiva. O eu plural é o *nanaka*, mas o *jiwasa* é um nós como pessoa, como sujeito de enunciação, de forma que o *nanaka* é o nós excludente e exclusivo. Quando digo *nanaka* ao meu interlocutor, estou dizendo "eu e os meus, mas sem você". *Nanaka* costuma ser usado na interlocução com o poder. Subalternos se autodefinem frente ao poderoso como *nanaka*: nós, os diferentes, os opostos a você. Em contraste, há um nós includente no *jiwasa*, pois envolve o interlocutor, formando uma singularidade. E existe também o *jiwasanaka*, que inclui todo mundo, inclusive aqueles que não estão presentes. *Jiwasanaka*, o plural da quarta pessoa gramatical, seria próximo a um nós humano. A maleabilidade e a polissemia do aimará nos dotam de modos de pensar a realidade colonial, colonizada, *mestiza*, misturada, mas também nos dá ferramentas para reverter e subverter suas marcas: marca de dor, marca de ressentimento, mas também marca de criatividade cultural que tem a ver, justamente, com a celebração de ter sobrevivido, e dar por encerrada uma fase na qual o miserabilismo era o olhar predominante sobre o indígena *cholo* popular.

Com o *pachakuti*, o orgulho e a dignidade desse índio profundo renascem, e começamos a pensar que aquilo guarda uma riqueza, uns veios, umas joias de pensamento.

Pensar com a ajuda dos (e em diálogo com os) idiomas próprios também nos abriu um horizonte epistemológico mais amplo, que nos permitiu exercitar um diálogo cotidiano entre diferentes. Além disso, o castelhano popular andino falado em La Paz já contém muito da sintaxe e do léxico aimará. Isso se vê, por exemplo, na canção "Metafísica popular", de Manuel Monroy Chazarreta, que reúne inumeráveis ditos ouvidos nas ruas *paceñas* e ironiza sobre a astúcia *ch'ixi* que permite que nos sintamos cômodos na (e com a) contradição. Alguns exemplos: "Seu time está na ponta da fila"; "Amanhã há paralisação mobilizada"; "Sua pequena *wawa* está gigante!"; "Estou quente com tanto frio!"; "Mal a mal, estamos bem"; "Que grave seu agudo!"; "Vá fechar a inauguração"; "Quão bem saiu a entrada", e tantos outros. São formas de dizer e também de não dizer que habitam a fala cotidiana das multidões urbanas; uma espécie de piscadela à nossa condição manchada e contraditória, que nos salva de cair em um *double bind* esquizofrênico, na aporia paralisante do conflito.

Sobre isso, em *Principio Potosí reverso* publicamos um diálogo que tive com o curador de arte argentino-peruano Gustavo Buntinx,[105] que fala do barroco *achorado*, ou o que chama de barroco *mestizo*, que seria o equivalente ao nosso barroco *ch'ixi*. É um modo de não buscar a síntese, de trabalhar com a (e na) contradição, de desenvolvê-la, na medida em que a síntese é

105 Gustavo Buntinx (1957, Buenos Aires) é historiador de arte, crítico e curador residente no Peru, egresso da Universidade Harvard. Sua obra versa sobre as relações entre arte e política, arte e violência, arte e religião.

um anseio de retorno ao Uno. Esse é o lastro da mal denominada "cultura ocidental", que nos põe frente à necessidade de unificar as oposições, de aquietar esse magma de energias desatadas pela contradição vivida, *habitada*.[106] A ideia é, então, não buscar a tranquilidade do Uno, por ser justamente uma angústia maniqueísta; é necessário trabalhar *dentro* da contradição, fazendo de sua polaridade o espaço de criação de um tecido intermediário (*taypi*), uma trama que não é nem um, nem outro, sendo, ao contrário, ambos ao mesmo tempo.

Concebo o espaço intermediário, ou *taypi-ch'ixi*, não somente como zona de contato mas também como zona de fricção. Contudo, para que a fricção se efetive, seria necessário limar as asperezas, suavizar as arestas que entorpeceriam o efeito eletrizante da fricção. Criar, em outras palavras, uma área de distensão e de diálogo ou complementaridade de opostos, nos termos de Filemón Escóbar (2008). A ideia do *pachakuti* do nosso relembrado Filippo[107] é, no entanto, tributária do binarismo de opostos, e sua proposta de diálogo, aparentemente ingênua e utópica — entre a indianidade e o progresso, entre ocidente e oriente —, não é outra senão um chamado ao atrito produtivo, a uma confrontação capaz de criar outra politicidade e outro espaço público. Isto é, uma zona de fricção. Acrescentaríamos que o desenho utópico de pátria que esboça Filippo fracassa por se localizar na escala do estado-nação. Propomos uma inversão dessa ideia, em direção à escala micropolítica da mátria, ou política da terra, como a denominou Waskar Ari Chachaki (2014). A versão micropolítica do *pachakuti* se expressaria então em um habitar *ch'ixi* da mátria-pacha a partir de

106 Ver, a esse respeito, "Musealidades ch'ixi", em Rivera Cusicanqui e El Colectivo (2010).

107 Apelido de Filemón Escóbar. [N.T.]

comunalidades — rurais e urbanas, masculinas, femininas ou mistas, juvenis, culturais, agroecológicas etc. —, articuladas por um *éthos* fundado no reconhecimento de sujeitos não humanos, em diálogo com os ancestrais, na autopoiese com as espécies e entidades do entorno. Em outras palavras, essa zona de fricção na qual se enfrentam os contrários, sem paz, sem calma, em permanente estado de atrito e eletrificação, é a que cria o magma que possibilita as transformações históricas, para bem ou para mal. Mas também permite que brotem situações cognitivas que seriam impensáveis para a lógica euro-norte-americana, como a ideia de que o passado possa ser visto como futuro.

Há duas dimensões importantes nessa noção — uma é a ideia do futuro-passado habitado simultaneamente a partir do presente. O presente é o único "tempo real", mas, em seu palimpsesto, saem à luz filamentos da mais remota antiguidade, que irrompem como uma constelação ou "imagem dialética" (Benjamin, 1999 [2009]) e se entrecruzam com outros horizontes e memórias. Em aimará, o passado se chama *nayrapacha*, e *nayra* também são os olhos, ou seja, o passado está à frente, é o único que conhecemos porque podemos vê-lo, senti-lo e recordá-lo. O futuro, em contrapartida, é uma espécie de *q'ipi*, um fardo de preocupações, que mais vale ter às costas (*qhipha*), porque, se é posto adiante, não nos deixa viver, não nos deixa caminhar. Caminhar: "*qhipnayr uñtasis sarnaqapxañani*" é um aforismo aimará que nos aponta a necessidade de caminhar sempre pelo presente, mas olhando o futuro-passado, deste modo: um futuro às costas e um passado diante da vista. Esse é o andar como metáfora da vida, porque não apenas olhamos o futuro-passado; vivemos o futuro-passado, pensamos o futuro-passado. É o que diz outra variante do aforismo: "*qhipnayr uñtam, luram, sarnaqtam, ch'amachtam, lup'im, amuyt'am, qamam*":

olhamos o passado-futuro, fazemos, caminhamos, nos esforçamos, pensamos com a cabeça, pensamos com a *chuyma*... Em suma, vivemos. Esse pensar vem do esforço, mas também do *amuyt'aña*, que é o pensar memorioso ou o jogo da memória como algo ativo na vida presente. Também é um modo de pensar em aforismos, enredando metáforas, como as que se manifestam nas cerimônias comunitárias da *iwxaña*, sessão pública de conselhos rituais que os jovens recebem dos mais velhos; as autoridades iniciantes, das que estão saindo; os filhos, de seus pais.

A segunda dimensão pode se expressar no aforismo "*jaqxam parlaña*", "falar como as pessoas", "falar como gente", pronunciar-nos como pessoas humanas.[108] Como pessoas, temos de praticar o *aruskipasipxañanakasakipunirakispawa*, comunicar-nos com todos e cada um de forma recíproca e (re)distributiva, e fazer do falar um intercâmbio de escutas. Essas lógicas, que alimentam, ainda que tenuemente, a vida política comunitária — tal como a conhecemos nas décadas anteriores ao "processo de mudança" —, iluminam a possibilidade de repensar a noção de *pachakuti*, tão importante na cultura andina e que foi despojada desses outros matizes para se converter em um termo-fetiche. *Pachakuti* ou *pacha thijra* é uma reviravolta no tempo/espaço, o fim de um céu e início de outro, quando um "mundo às avessas" pode voltar a se pôr de pé. Mas esse significado crítico se converte em paródia e simulacro nos discursos

108 O aforismo completo é: "*sumax qamaña, jaqjam parlaña, jaqjam sarnaqaña*" [viver bem (é) falar como gente e caminhar como gente] e foi o irmão Godofredo Calle Vallejo, da comunidade Aypa Yawruta de Pacajes, que o transcreveu para nós em uma reunião com o Taller de Historia Oral Andina em 2010.

estatais; uma manifestação verbal insincera e inconsistente com os atos decisivos da política econômica e social.[109]

Para evitar a fetichização dos conceitos, tão própria dos debates decoloniais ou pós-coloniais, mas também do discurso político do "processo de mudança", resistimos a toda modalidade de pensamento fundada na separação, no binarismo e no divórcio entre pensar e fazer. No âmbito mais concreto, trata-se também de repudiar a separação entre o pensar acadêmico e a reflexão diária das pessoas comuns, esse pensar que surge das interações e conversações de rua, dos acontecimentos coletivos vividos com o corpo e os sentidos. A falta de correspondência entre o pensar teórico e o pensar cotidiano de rua não seria tão problemática se não instituísse uma hierarquia, em meu juízo indevida e ilegítima, amparada tão somente por se apoiar no poder. Porque, de fato, muitas das coisas que compartilhei aqui aprendi de pessoas comuns: agricultores, pensadores, *yatiris*, construtores, artesãos e tecelãs. É essa a arte de pensamento que busco permanentemente e na qual compreendi o nexo tempo/espaço que supõe a noção *qhipnayra* e a ideia mesma da *pacha* em sua dupla dimensão de cosmos bifronte e entrelaçado. O pensar *qhipnayra* é pensar com a consciência de estar situado no espaço do aqui-agora (*akapacha*) como um *taypi* que conjuga contradições e se desdobra

109 É notável a descrição que Murillo Aliaga, Bautista Durán e Montellano Loredo (2014) fazem da cerimônia do advento do *pachakuti*, auspiciada pelo estado plurinacional e pelos batalhões navais de Tiquina em uma praia da Ilha do Sol, em 12 de outubro de 2012. Todo um simulacro cuja intenção salta aos olhos: espetacularizar o projeto do governo de Evo Morales para as audiências externas, gerando no percurso uma sequela de maus-tratos e desprezo às pessoas das comunidades locais, que não foram sequer consultadas sobre a localização e o formato do evento.

em novas oposições. Por sua vez, estas se mesclam e se entrelaçam, como em uma *wak'a* presa na cintura, zona sagrada do corpo. Lemos essa metáfora como a textura de um processo autoconsciente de descolonização que, sem (re)negar ou escapar da cisão colonial, seja capaz de articular passados e presentes índios, femininos e comunitários em um tecido *ch'ixi*, um *mestizaje* explosivo e reverberante, energizado pela fricção, que nos impulsione a sacudir e subverter os imperativos coloniais da paródia, da submissão e do silêncio.

Aqui seria pertinente a leitura dos "heterônimos pareados", como denomino tais termos no idioma aimará. Há muitas formas de dizer coisas em aimará, as quais, com uma leve mudança de pronúncia ou fonética, acabam por dizer outra coisa. E uma delas é a diferença entre o *chhixi* aspirado e o *ch'ixi* explosivo. *Chhixiña* se associa ao aquoso, ao inconsistente, é utilizado para nomear a lenha que queima muito rápido, que parece forte, mas que não dura; há algo de insubstancial na forma *chhixi*. Parece uma boa metáfora para compreender a ala masculina da estrutura social: o *mestizo* oficial da terceira república;[110] um personagem *pä chuyma*, sem memória nem compromissos com o passado. Marx dizia que é preciso enterrar os mortos para poder revolucionar a história. Mas essa falta de compromisso do *mestizo* arrivista provoca uma tendência a oscilar conforme sopra o vento: se chega o vento neoliberal, se torna neoliberal; se chega o vento comunista, se torna comunista;

110 A ideia do *mestizaje* como "terceira república" pertence a Rossana Barragán (1992) e se sustenta em uma análise detalhada das mudanças de vestimenta que fizeram as mulheres dos estratos abastados do *cholaje* urbano, em seu processo de *amestizamiento* desde fins do período colonial. Aqui me refiro à outra face desse *mestizaje*, encarnada no mundo masculino e letrado (Rivera Cusicanqui, 2010 [1979]).

se chega o vento indianista, não tem nenhum problema em vestir poncho e exibir os aprendizados obtidos nas costas da trabalhadora doméstica que o carregou quando pequeno. Esse é o populismo barato que predomina hoje na Bolívia, um gesto identitário grandiloquente, oportunista, ambíguo, que se aferra à única entidade que lhe oferece segurança, que é a do pai estado.[111] O patriarca estatal é o estado como substituto daquela figura masculina da qual este ou aquele personagem público se viu privado pelos avatares da ilegitimidade, da pobreza, da insegurança pessoal ou da desidentificação. Essa versão é a que deu origem ao populismo latino-americano e, em particular, ao populismo andino-boliviano, que tem muito da atitude paternalista e miserabilista em relação ao indígena; que despreza profundamente esse índio o qual interpela e acredita conhecer. É um gesto que tende a esconder a culpa com a dádiva e o patronato: formas degradadas da política que fazem da prebenda um *modus operandi* para compartilhar a corrupção, democratizar o dolo e criar uma "sociedade de cúmplices" (Portocarrero, 2004). Esse "modo de poder" (Chatterjee, 1983) incorpora o outro ao mesmo tempo que o degrada, e degrada o outro ao mesmo tempo que o incorpora, porque o seduz por meio de presentinhos que consolam e compensam a subordinação e o despojo. O grave é que se trata de uma relação altamente desigual, pois em troca são exigidas reverências e submissões simbólicas incompatíveis com qualquer sentido de dignidade humana. O estado colonial se nutre e se renova fagocitando essas personalidades sociais construídas coletivamente, mas

111 Isso foi apontado por Pablo Mamani Ramírez em sua penetrante análise da patologia das elites *criollas* bolivianas (Mamani Ramírez, 2008, p. 39).

vividas como individualidades, ou como comparsas e grupos de pressão fragmentados e mutáveis.

O *chhixi* ou o *pä chuyma*, o híbrido, o que fusiona identidades, já se crê livre de problemas culturais, porque se sente "boliviano".[112] Mas, quando se embriaga de poder, liberta o seu patrão interior, ou, quando se embriaga de álcool, liberta o seu índio, e então lhe nascem violências atávicas e gestos de autoritarismo e misoginia. É o que Ernst Bloch (1971) chamou de "fúria acumulada" de um passado não digerido. Essa densidade psicossocial da qual não se fala — por entrar na vida privada — é tratada por *cholas* e *birlochas* desbocadas como eu, porque não podemos permitir fazer do privado uma esfera exclusiva do pensamento. Temos de fazer de tudo aquilo que vemos, que vivemos, uma matéria para o pensamento. O pensamento que não se nutre da vida termina se esterilizando e esterilizando a palavra da qual é portador. Para ter certa potência, a palavra precisa partir de um gesto de desvelamento; sair de si mesma como código encobridor e se atrever a nomear os aspectos dolorosos da realidade, o que certamente não é fácil, porque se trata de uma tarefa coletiva, não individual, e porque implica desvelar-se ante os demais, tirar as máscaras que nos ajudam a parecer modernos.

Por outro lado, se alguma mulher tiver de baixar a bola do *mestizo* soberbo que se elevou acima do patriarca estatal até se converter em seu zumbi, precisa necessariamente desenvolver o outro lado: levantar a cabeça da índia agachada que

112 A esse respeito, é emblemático o livro publicado em 2014 pelo vice-presidente Álvaro García Linera, *Identidad boliviana: nación, mestizaje y plurinacionalidad* (2014), que foi distribuído gratuitamente na Bolívia. Ver Rivera Cusicanqui (2015a) para uma crítica a seus principais argumentos.

cada uma leva dentro de si. Seja como memória da babá que me carregou quando pequena,[113] ou como rastro no sangue, ou como identificação de uma paisagem ancestral, essa marca do mundo colonizado está aqui, está em mim. Esse índio ou essa índia habita em nossa memória, e sua presença nos deu a marca primordial da alteridade: inscreveu-a em nosso corpo e em nossa subjetividade. A possibilidade de uma "imagem dialética" que conjugue esse âmago ancestral com a agressiva modernidade de nossos dias está aberta a uma nova constelação, porque a história não é linear.[114]

Mas, além disso, pensamos pelo outro lado; pensamos a partir do sul. Para nós, no ocidente está a China, porque estamos situados geograficamente em um espaço que não é sucursal da Europa. Se fechamos os olhos para imaginar o planeta, ao viajarmos mentalmente até o poente e cruzar o Pacífico, encontramo-nos não com a Europa, mas sim com a Polinésia e, mais ao norte, com o "extremo oriente". E se deixamos a mente viajar pelo lado oriental até o Atlântico, aí nos encontramos com a Europa ao norte e com a África ao sul.[115] Para mim, sempre que falamos de ocidente, submetemo-nos à colonização mental da Europa, e disso temos de nos libertar situando nosso pensamento em outro espaço, em outras coordenadas geográficas. O pensar geográfico é um pensar situado, vital como gesto epistemológico. Precisaríamos desmontar a artificialidade histórica do mapa e reposicionar o *locus* do pensamento em um espaço particular e material do planeta. Sem dúvida alguma, a linha do

113 Ver, a esse respeito, o comovente documentário de Luciana Decker, *Nana*, de 2016.

114 Ver "Sobre o conceito de história", em Benjamin (1969 [1987]).

115 Ainda que depois, ao escrevermos, tenhamos de inserir aspas ou dizer "o mal denominado ocidente" para não embaralhar a geografia mental de nossos leitores.

Equador tem materialidade, sendo possível sentir ali um centro energético do planeta. Mas o que é o meridiano de Greenwich? É uma linhazinha traçada em um lugar marginal, em uma ilha perdida no Atlântico norte, que, por azar da história, se ergueu como centro do universo e, a partir daí, definiu onde ficavam o oriente e o ocidente. As longitudes são arbitrárias, as latitudes, não: têm materialidade. É possível pensar na diferença norte-sul, mas sem esquecer que as corporações transnacionais e os capitalismos selvagens se assentaram hoje em países emergentes (os Brics) e, a partir deles, subjugam territórios, populações e recursos de outros lares, e nem por isso deixam de ser do sul.

Assim, é necessário retomar o paradigma epistemológico indígena, uma epistemologia na qual os seres animados ou inanimados são sujeitos, tão sujeitos quanto os humanos, ainda que sujeitos de natureza muito diferente. Há algo que distingue o índio daquele que não o é, algo que distingue a epistemologia dos mundos alternativos ao capitalismo do antropocentrismo do mundo do Atlântico norte. Temos de pensar em uma episteme que reconheça a condição de sujeito ao que comumente chamamos de objetos; tanto plantas quanto animais ou entidades materiais incomensuráveis, como as estrelas. É evidente que são outras as estrelas que nos olham no sul, em relação às que olham as pessoas que vivem no norte. E olhar a luz noturna do sul é uma experiência única, um aprendizado que, nas cidades, já é difícil de pôr em prática devido à iluminação urbana.

Aqui um parêntese: acredito que, quando a terra espirra — por exemplo, com o tsunami que ocorreu em 2004 no Japão e os terremotos de 2016 no Equador e de 2017 na Cidade do México —, percebemos a tremenda artificialidade deste mundo construído que nos privou de ver as estrelas, o mundo dos artifícios tecnológicos modernos. A terra se sacode e descobrimos a fragilidade de tudo que damos por certo: água, luz, conexões de gás; tudo pode se romper se o planeta coça o nariz e espirra. Essa dinâmica de reconhecimento está sendo trazida à tona, disposta no tapete da discussão pelos efeitos da mudança climática que estamos vivendo com evidência trágica, e que fizeram do paradigma indígena um paradigma efetivamente alternativo, ainda que este também possa ser capturado por modelos consumistas do verde transnacional, o que nos remeteria novamente à situação de "mudar para que nada mude".

Gostaria de terminar destacando o nível da temporalidade que se entende como simultaneidade. Viver em tempo presente tanto o passado inscrito no futuro ("princípio esperança") quanto o futuro inscrito no passado (*qhipnayra*) supõe uma mudança na percepção da temporalidade, ou seja, a eclosão de tempos mistos na consciência e na práxis. Pensando em Bloch (1977 [2005]), poderíamos falar de uma consciência antecipatória que não é apenas consciência do desejo, mas também antecipação do perigo. Em momentos de crise e intensificação temporal, ocorrem simultaneamente a promessa de renovação e o risco da catástrofe. O *pachakuti* nem sempre é um mundo renovado e o advento de uma sociedade do bem viver; também pode ser seu contrário: há o perigo permanente da derrota e da degradação. Essa temporalidade *qhipnayra* e, por outro lado, o espaço *taypi* do mundo *ch'ixi* contencioso, no qual os contrários se energizam mutuamente, supõem uma radicalização dos elementos heterogêneos, para que possam se entrelaçar com mais força e nitidez e eclodir com sua fricção no tempo vivido do presente. Os sintagmas da antiguidade, como a *wak'a* ou faixa tecida que inscreve o sagrado em nosso corpo, nos brindam com um conjunto *abigarrado* e harmonioso de cores e ideias para enredar o passado com o presente de forma ativa, através de nossas lutas pela memória e nossas práticas micropolíticas de descolonização.

Palavras mágicas: reflexões sobre a natureza da crise presente[1]

Naturalizamos o holocausto.

— BORIS TERÁN, COLETIVO NODO DUITAMA

Aqui me interessa falar da crise que nossas sociedades vivem hoje: uma crise de valores e uma crise epistêmica; um bloqueio sistemático e uma confusão nos processos do conhecimento. Essa crise foi chamada por vários pensadores de "crise civilizatória". Minha intenção é mais modesta: situar essas reflexões no aqui-agora da geografia física e mental do nosso continente Abya Yala. Este aqui-agora é marcado por experiências inéditas de agressão e violência, mas também de mobilização e questionamento dos poderes e interesses do

1 Uma primeira versão deste texto foi apresentada no Coloquio Saberes Múltiples y Ciencias Sociales, na Universidad Nacional de Colombia (Bogotá, 17-21 out. 2016). Pouco antes, havia testemunhado a multitudinária Marcha Indígena por la Paz, ou Marcha de las Flores (Bogotá, 12 out. 2016).

estado e do capital a partir de baixo. Talvez não se perceba de maneira profunda e urgente o que esses eventos e situações críticas implicam para a reflexão teórica nas ciências sociais de nossa América. É que se trata, no meu entender, de uma crise que afeta o sentido mesmo de nossa principal ferramenta: as palavras.

Ao ouvir Alfredo Gómez-Muller[2] citando uma seleção de parágrafos da nova constituição política boliviana, constato com angústia que essas belas e inovadoras palavras acabaram sendo a cortina de fumaça que permitiu às novas (e velhas) elites disfarçar suas práticas políticas e estatais para ocultar seus flagrantes divórcios e contradições a respeito desse documento crucial, que foi a culminação textual de uma longa gestação coletiva.[3] A origem das reformas constitucionais remonta à segunda metade dos anos 1990, quando começaram a desvanecer as miragens de emprego e desenvolvimento que os governos neoliberais ofertaram às multidões urbanas e rurais,

2 Autor, entre outros, dos textos *Anarquismo y anarcosindicalismo en América Latina* (2009) e *Nihilismo y capitalismo* (2016). Aqui faço alusão à sua apresentação no colóquio citado na nota anterior (Gómez-Muller, 2018).

3 A aprovação da versão final desse texto foi realizada a portas fechadas no parlamento — transformado assim, ilegalmente, em assembleia constituinte — e implicou a eliminação de várias propostas do Pacto de Unidade, formado por seis organismos indígenas, camponeses e de mulheres, que haviam lutado tenazmente no processo de deliberação contra as intenções das oligarquias do leste e do sul do país de limitar o alcance radical de suas demandas coletivas. A eliminação dos extensos latifúndios de soja e gado, que era uma dessas demandas, foi assim deixada de lado, como resultado do pacto sobreposto do vice-presidente, García Linera, com os interesses agroindustriais e pecuaristas dos departamentos de Santa Cruz e do Beni.

que começaram a se desencantar e a entrar em movimento. Contudo, o processo de desmoronamento e rearticulação que vivemos no intenso primeiro quinquênio deste século teve um resultado paradoxal. Décadas, e mesmo séculos, de memórias populares e de sentidos rebeldes da ação coletiva culminaram, nas eleições de 2005, com o triunfo de um partido e uma liderança que se posicionaram como capazes de compreender, canalizar e nomear esses processos somente pelo fato de ter à frente um candidato "indígena". Dez anos depois, a máscara cai, e observamos regressões contraditórias: à época neoliberal, com suas formas selvagens de saque capitalista e desprezo pelo valor do trabalho; ao populismo assistencialista e de camarilha da década de 1950; ao autoritarismo militar dos anos 1960 e 1970; às formas coloniais e machistas de recrutamento e sedução da gente comum, enraizadas no arrivismo e na hipergamia cacical dos séculos coloniais.

Fora da Bolívia, e particularmente nos países latino-americanos, parece uma heresia acusar o MAS e o governo de Evo Morales de tais retrocessos. O presidente e o vice-presidente da Bolívia gozam de grande reconhecimento e prestígio no exterior, e várias normas do estado plurinacional são citadas como prova de sua conduta "revolucionária". Mas as leis podem se converter em palavras vazias de sentido, e essa outra face (que tanto se empenham em ocultar) se torna visível graças à crise. Parece-me importante perguntar por que isso ocorre, como esse conjunto tão labiríntico e complexo de palavras, que aqui chamo de "palavras mágicas", pôde ter esse efeito de fascinação e hipnose coletiva, a ponto de silenciar por uma década nossas inquietudes, aplacar nossos protestos e ignorar nossos urgentes questionamentos.

QHIPNAYRA: O PRESENTE DIALÉTICO COMO SUBVERSÃO DO PASSADO

Trabalho com ideias encontradas no caminho, com diálogos em construção, fragmentados, ouvidos de passagem, e creio ser necessário fazê-lo a partir de nossa condição de pessoas que produzem conhecimento, pensamento e memória. Aqui faço alusão a uma ideia do escritor cubano José Lezama Lima (1981), que distingue entre *rememoração*, como ato de reconstituição do que foi, e *memória*, como ato metafórico. Lezama Lima considera que a memória se encarna em sujeitos metafóricos e, em seu gesto, intervém não somente a imaginação como também o sentido de pertinência do passado em relação ao presente. Já Walter Benjamin o havia expressado como uma dialética política da imagem, que em aimará pode ser vislumbrada como imagem *qhipnayra*.

> Aí deveria se falar de uma crescente condensação (integração) da realidade, na qual tudo que é passado (em seu tempo) pode adquirir um grau mais alto de atualidade do que no próprio momento de sua existência. O passado adquire o caráter de uma atualidade superior graças à imagem com a qual e através da qual é compreendido. Esta perscrutação dialética e a presentificação das circunstâncias do passado são prova da verdade da ação do presente. Ou seja: ela acende o pavio do material explosivo que se situa no ocorrido [...]. Abordar desta maneira o ocorrido significa estudá-lo não como se fez até agora, de maneira histórica, mas de maneira política, com categorias políticas. (Benjamin, 1999, p. 392 [2009, p. 436-7])

Buscarei, de minha parte, atualizar nossa memória índia do passado para pôr em prática a subversão contida nas imagens convocadas pela dialética benjaminiana. Assim, por exemplo, quando falamos do indígena, da descolonização, do bem viver e de todos esses conceitos que foram incorporados nas constituições da Bolívia, do Equador ou da Colômbia, faz-se necessário saber o que queremos dizer com essas palavras e que imaginário estamos invocando com elas. Ou seja, a qual constituição histórica do ser índio — ou originário, ou indígena — nos referimos. Se falamos da memória pré-hispânica, ou das formas coloniais de reconstituição dos extensos *ayllus* territoriais, ou das articulações originais entre letra e luta pela autonomia e pela terra do final do século XIX, sem dúvida teremos de repensar todo o texto constitucional boliviano à luz de uma episteme diferente, feita de memórias enquadradas por uma paisagem completamente alheia às instituições dessa criação chamada Bolívia. Mas, se repensamos o indígena com base nas lutas do último quarto de século, elementos liberais e igualitários genuínos — como a democracia representativa — talvez possam entrar no jogo dialético com a demanda de respeito à alteridade e às formas próprias do poder político — por mais ambivalente que resulte essa ideia — que encarnaram as mobilizações indígenas, femininas e populares de 1998 a 2005.

Contudo, gostaria de pensar partindo de memórias recuperadas no aqui-agora, quando vivemos uma fase nova e mais agressiva de exacerbação do modo colonial-capitalista de dominação e reprodução. É o caso do macroprojeto Iniciativa para a Integração da Infraestrutura Regional Sul-Americana (IIRSA), inicialmente proposto pelo Banco Interamericano de Desenvolvimento (BID) e pelo Banco Mundial, que foi assumido, desde 2010, pelos governos da União de Nações Sul-Americanas (Unasul), tal como relata Porto-Gonçalves (2018) em seu esclarecedor livro, no qual apresenta, sem ambiguidades e com forte respaldo cartográfico e estatístico, a envergadura inédita do processo de agressão contra as florestas e pântanos de nosso continente.

Em outros trabalhos, eu havia exposto como buscamos recuperar o sentido de pertinência adquirido pelo passado diante desses fatos vividos e sofridos coletivamente, de modo que novas dimensões futuristas se misturam com a marca do passado, do que já foi, deixada por esses fatos. Assim, esboço aqui uma proposta de reconstituição da episteme índia ancestral, para fazer da memória uma ferramenta metafórica capaz de romper com as ideias de progresso e desenvolvimento que alimentam os governos progressistas, e para atravessar a fronteira em direção a um horizonte bastante alheio às habituais leituras lineares e positivistas da história. Somente com a recuperação dos horizontes mais remotos da alteridade indígena — o tempo *ur* que Benjamin convoca[4] —, o passado arqueológico, digamos, poderá ser transformado em uma imagem dialética, reverberante, uma categoria política capaz de sacudir o tempo presente e nos despertar da letargia em que estamos afundados.

4 Recentemente, em Gotemburgo, tive a extraordinária oportunidade de conhecer a versão feminina de *ur*, na figura de *urd*, a tecelã ancestral dos mitos escandinavos, que prefigura a origem e, junto com outras duas — o presente e o futuro —, se ocupa de tecer e alimentar a árvore da vida. No ano passado, mostrando a imagem do Índio Astrólogo e Poeta (ver figura da p. 62), pensei nesse desenho de Waman Puma como uma metáfora do espaço-tempo *ur*. Em vez de utopia, deveríamos então falar de *urdtopia*, a utopia feminina de reprodução e cocriação da vida.

IMAGENS PARA UMA CRÍTICA METAFÓRICA DO PROGRESSISMO

Busco situar esta reflexão em dois contextos, macro e micro. O primeiro alude a uma condição de existência geral, que se dá em um momento político altamente perigoso. Mas o risco penetra também nas frestas do dia a dia, alterando os microprocessos do segundo contexto. O perigoso da situação é que ela ameaça com mais do mesmo, ou seja, a inércia dos elementos do senso comum neoliberal, fincados no individualismo possessivo, consumista, na internalização de ideias e de práticas que dissolvem as tramas comunitárias da vida: tal é o risco mais grave e mais profundo que vivemos hoje. Isso se vê claramente na implementação de ações populistas e progressistas de governos que até pouco tempo predominavam no continente. Aqueles que sobreviveram — Evo, Lenín e Maduro[5] — estão fazendo mais do mesmo: abrir as portas ao capitalismo depredador, anteriormente centrado nos Estados Unidos, hoje associado a empresas chinesas, russas e brasileiras. Fazem-no melhor, com mais eficácia e vontade de poder, com ferramentas mais sutis e calibradas. Isso explica, diga-se de passagem, a profundidade e a duração de nossa letargia coletiva.

Poderíamos dizer, sem dramatizações, que a situação de colonialismo interno e internalizado com relação ao mundo índio é tão profunda na Bolívia que nos convertemos em

5 A autora se refere aos governos de Evo Morales (presidente da Bolívia entre 2006 e 2019), Lenín Moreno (presidente do Equador entre 2017 e 2021) e Nicolás Maduro (presidente da Venezuela desde 2013 e ainda no exercício do cargo na data da publicação desta edição). [N.E.]

artífices de nossa própria colonização. Inconscientemente, contribuímos para que prosperassem os elementos fetichistas e ornamentais da identificação com o mundo índio e, com isso, ajudamos a transformar suas organizações e lideranças em uma espécie de emblema compensatório que impede a sociedade de pensar o que realmente é a descolonização e quem são os sujeitos — corpóreos e metafóricos — desse processo. Tenho trabalhado essa ideia por meio de alegorias e metáforas, à luz de momentos remotos do passado, do início da colônia, tal como a viveu e teorizou um autor central para o meu trabalho, Waman Puma (Guamán Poma de Ayala), o qual me interessa, sobretudo, pela montagem conceitual que faz com seus desenhos.

No aqui-agora, perguntamo-nos como essa profundidade da colonização interior produziu gestos e ideias que expressam anseios coletivos verdadeiros, mas que também os neutralizam. Há uma espécie de contradição genuína — nos termos de Ernst Bloch (1971) — que deveria se distinguir de outras contradições. A contradição entre as palavras e os atos poderia ser vista como uma dificuldade de fundo vivida na modernidade para usar as palavras como dotações simbólicas particulares que permitam às sociedades conviver e reproduzir a vida, como imperativo da espécie. Por outro lado, a contradição inautêntica se expressaria no uso de palavras encobridoras, na paródia do conhecimento, nos gestos e retóricas que traficam com a bagagem simbólica índia e feminina, que se apropriam da mais-valia simbólica de seus ancestrais nos séculos de luta, para usar essas ferramentas na consolidação de novas e velhas elites no poder, armadas de roupagens que lhes são alheias.

O "poder fazer" não é o mesmo que o poder como dominação. Ainda que agora esteja na moda citar Holloway para aludir a essa diferença, creio que isso já tenha sido dito em seu tempo por Engels, ao distinguir o que chamava "poder de função" do "poder de dominação". Com isso, aludimos à brecha abissal entre os mecanismos existentes de reconstrução *a partir de baixo*, das formas de convivência social, e aqueles mecanismos e instituições que, na realidade, bloqueiam e restringem *a partir de cima* tais mecanismos. A proliferação dos primeiros pode ser observada não somente nos espaços indígenas ou rurais mas também nas grandes cidades. Considero que nessas práticas são incorporadas novas formas de fazer e de pensar, de ordenar e nomear o real. Na Bolívia, como em outros lugares, as pessoas comuns produzem pensamento crítico por meio de sua própria prática, o que inclui a produção oral e corporal dos significados, que se comunicam fluidamente em redes cada vez mais extensas e difusas.

A vida das comunidades, a vida da rua, a vida das vizinhanças nos bairros, as redes de ajuda mútua e organização para resistir aos avanços do poder e às crises do mercado podem iluminar o *éthos* de tais processos, que ocorrem inaudíveis e invisíveis — estão abaixo do radar da política — mas alcançam, por sua vez, a opinião pública planetária. Produto de práticas multifacetadas, como minhocas produtoras de solo fertilizante, desencadeia pensamentos e palavras ainda indizíveis, que buscam fazer frente aos discursos macro, revertendo a grandiloquência com o ridículo, a solenidade com a festa e a política com o trabalho, submergindo-nos na magia da realidade viva para fugir da magia das palavras.

“Índios / como se pede o tributo ao pobre velho, dizendo-lhe em sua casa e sítio: ‘Velho, traz a taxa. Vives em tua terra e em tua casa. Tomas água, buscas lenha. Não me faças zangar-me por isso, velho’. ‘Que taxa poderia te dar eu, que sou um velho e pobre? Por Deus, não me ataques, *mandoncillo*’” (Poma de Ayala, 1615, fl. 886). [*Mandoncillo*, assim como *mandón*, se refere a uma autoridade indígena encarregada de recolher os tributos de um conjunto de índios na época colonial — N.T.]

"Principais / Que leva presentes o cacique principal ao dito corregedor e não lhe agradece neste reino. 'Senhor corregedor, vim te trazer isso. Por favor, recebe-o.' 'Por que não trazes boas galinhas, e capoes, e carneiros a vosso corregedor? Vós me pagareis por estas. Neste reino'" (Poma de Ayala, 1615, fl. 790).

“Índios / como tira do pobre velho seu carneiro para o tributo o *mandón*. ‘Traz a taxa, velho.’ ‘Não sou taxável, já sou um velho passado. Meus terrenos de cultivo, minha casa e minha lhama foram deixados pelo meu velho pai, deixou-me estas coisas em testamento.’ Inveja” (Poma de Ayala, 1615, fl. 877).

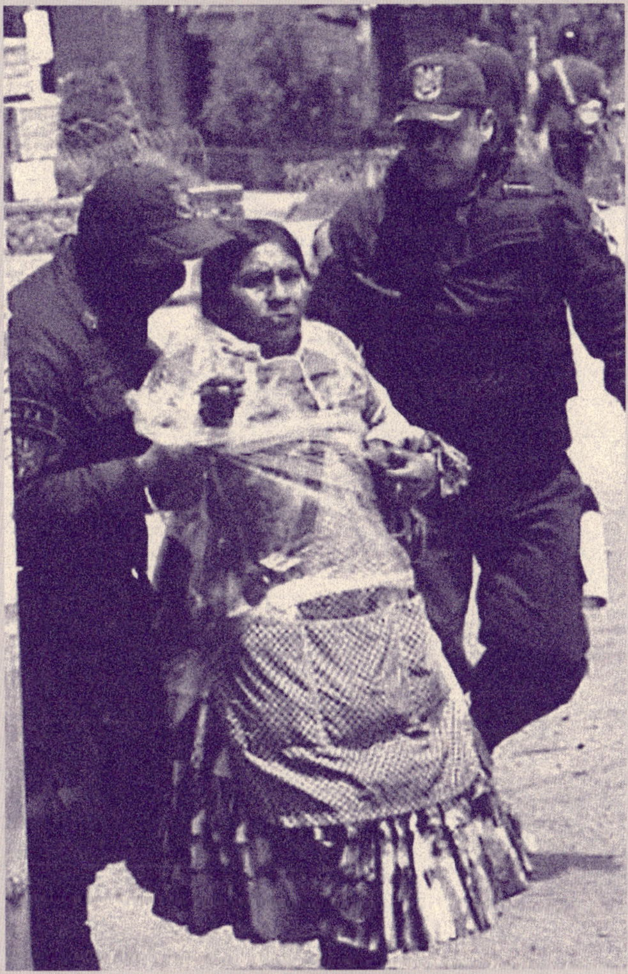

Índios cocaleiros afins ao governo tentam ocupar o mercado legal da folha de coca em La Paz. Vendedoras produtoras foram agredidas; a polícia interveio a favor dos primeiros (*Agência de Notícias Fides*, 20 mar. 2018).

"Trabalho / *zara tarpu mitan* (o ciclo de semear o milho) / setembro, *coya raymi quilla* (mês de festejo da rainha) / semeador de milho, *zara tarpoc* / setembro, *coya raymi*" (Poma de Ayala, 1615, fl. 1.156).

"Trabalho / *zara callchai arcui pacha* (tempo de ceifar, de amontoar o milho) / maio, *aymoray quilla* (mês de colheita) / ceifador, *callchac* / maio, *hatun Cusqui* (grande busca)" (Poma de Ayala, 1615, fl. 1.144).

Trabalho. Crianças da comunidade Challa na Ilha do Sol (Lago Titiqaqa) participam da cerimônia de início do plantio (*Sataqallta*), out. 2013 (Foto: Marco Arnez).

Proponho então que nos aproximemos de algumas dessas palavras, com base na esfera de circulação que percebo nas academias latino-americanas e latino-americanistas, como pude comprovar ouvindo várias apresentações em recentes eventos internacionais.[6] Uma das noções mais recorrentes foi a de "movimento social". Com as políticas de ajuste que ocorreram em todo o continente, os setores sociais chamados de "burguesia nacional", "proletariado" ou "campesinato" se desmoronaram como articulações compactas e autoconscientes, e, assim, perderam pertinência as palavras que buscaram nomeá-los. Apareceram manifestações antes soterradas e invisíveis, uma "nação clandestina",[7] que põe em xeque as elites pensantes, provocando um mal-estar de época pela desordem que introduz nas formações discursivas existentes. Devo esclarecer, no entanto, que os sujeitos dessa nova esfera de sociabilidade não teriam por que pensar sobre si como nação, e sim sobretudo como uma pluralidade de horizontes de sentido, práticas coletivas e discursos críticos, encarnados em moldes organizativos e políticos também diversos, tanto ancestrais quanto reinventados.

6 Aqui me refiro ao já mencionado Coloquio Saberes Múltiples y Ciencias Sociales, na Universidad Nacional de Colombia (Bogotá, 17-21 out. 2016), como também ao congresso da Associação Latino-Americana de Antropologia Social (Bogotá, 6-9 jun. 2017) e ao encontro da Nordic Latin American Research Network (Nolan) (Gotemburgo, 15-18 jun. 2017).

7 Esse é o título de um dos melhores filmes do cineasta boliviano Jorge Sanjinés, um trabalho de ficção que exalta a possibilidade do "retorno do índio" e a força da ética comunal, talvez sem se dar conta de que, na realidade, não estava representando uma forma "nacional" de consciência e identidade.

Poderíamos dizer, então, que na Bolívia, tal qual em outros países da região, tudo aquilo que antes estivera ausente do registro verbal do dizível e do politicamente concebível ganha subitamente a cena no último quarto de século.

Mas então o conhecimento social institucionalizado intervém. Assim, de mãos dadas com os pensadores do Atlântico norte pós-modernos e pós-marxistas, surge a necessidade de atribuir um novo nome a esse magma proliferante de coletividades e formações discursivas. No caso boliviano, é notável a rapidez com que a *intelligentsia* da esquerda *criolla* — e em particular a elite pensante cochabambina (Rivera Cusicanqui & Ayllón Soria, 2015) — adota, institucionaliza e empacota a ideia de "movimentos sociais" e a difunde entre o grande público, sem que se tenha estabelecido um debate sério e profundo com os protagonistas das mobilizações precedentes. O caso boliviano nos mostra, de forma diáfana, o afã por englobar e homogeneizar essa eclosão de novas formas de consciência coletiva e, sobretudo, de disputas conceituais inéditas que brotaram no processo. Aí reside a essência da eficácia dos governos chamados "progressistas" da região, para os quais governar equivale a controlar e enquadrar as demandas e projeções políticas dos "movimentos sociais", para fazer delas mecanismos funcionais à dominação estatal e capitalista.

Na Bolívia, depois de longas décadas de vulnerabilidade à penetração de empresas canadenses, estadunidenses e europeias, passamos a uma situação de domínio absoluto do capital — estatal e privado — em mãos de empresas do sul global, tanto mais agressivas quanto ávidas para sintonizar com os tempos. A vulnerabilidade do país continua a mesma, mas há um curioso processo de hipnose coletiva ou mesmerismo intelectual que nos faz ver o definhar dos tecidos comunitários populares, a destruição das florestas e dos glaciares, a destruição do mercado interno e os intensos vínculos com o capital estrangeiro como fenômenos legítimos e "progressistas". Nada de novo sob o sol: basta recordar a destruição do mercado interno de grãos no norte de Potosí, resultado direto do triunfo da mineração em larga escala no século XIX (Platt, 2016). O próprio fato de que hoje se justifique a invasão de capital estatal e privado dos países do antigo bloco comunista com a enganosa associação ao "socialismo" maquia, a duras penas, a orientação extrativista e dependente do modelo atual. Capitalismo selvagem com partido único — a isso parece se reduzir a fórmula do "bom governo" de Evo,[8] assim como de Lenín e de Maduro. Essa fórmula se alimenta de leituras maniqueístas sobre o "inimigo principal" que autorizam uma visão arcaica do "desenvolvimento" baseada na grande indústria estatal, como se fosse uma alternativa justa à pilhagem de recursos e à expropriação de capacidades organizativas e

8 Isso já se vislumbrava desde o início da era Morales, mas somente hoje, com o aprofundamento da crise, podemos reconhecer quão equivocadas eram nossas ilusões. Votei em Evo Morales um par de vezes, consciente do risco que esse voto implicava, no contexto de uma reação muito brutal das oligarquias da chamada "Meia-Lua" [região da Bolívia que compreende quatro departamentos, dos quais três fazem fronteira com o Brasil]. O espírito beligerante desses tempos teve um efeito enganoso, e só hoje sabemos com certeza o que esteve por trás de casos como o "massacre de Porvenir" (setembro de 2008) e do "Hotel Las Américas" (abril de 2009), sobre os quais não posso me deter aqui. [A autora se refere à morte de cerca de vinte manifestantes e ao desaparecimento de mais trinta deles que marchavam em protesto na cidade de Porvenir, em 2008, em direção à capital do departamento de Pando, e à morte de três homens identificados como "terroristas mercenários", acusados de planejar o assassinato de Evo Morales no Hotel Las Américas, em Santa Cruz de la Sierra. — N.E.]

iniciativas econômicas populares. Creio, além disso, que essa ideia da "grande indústria" como modelo ideal de organização econômica, que já foi central às políticas do MNR, seja, na realidade, um velho sonho das elites, que se traduz na vontade paradoxal de "parecer modernos". Não me sinto, em absoluto, responsável por essas piruetas, que se expressam principalmente em vozes e palavras masculinas. A atitude que as acompanha se tornou megalomaníaca: um culto às formas produtivas ultramodernas e grandiosas, que revela um complexo de inferioridade invertido. O grave é que a ideia desenvolvimentista atua como um talismã: seduz uma diversidade de sujeitos coletivos e os bloqueia em automatismos discursivos. O desenvolvimento é uma ideia tão normal e desejável que torna indiferente a destruição das formas comunitárias viáveis, inclusive aquelas que nos permitiam enfrentar, com recursos próprios, as crises climáticas e a escassez de água.

Um exemplo de oportunidade perdida durante o primeiro governo de Evo Morales foi a folha de coca, em que me vi pessoalmente envolvida. Desde meados dos anos 1990, um conjunto de iniciativas foi sendo articulado entre produtores dos Yungas[9] e pequenas indústrias dos setores de manufatura de alimentos, cosméticos e, sobretudo, fitoterápicos, com o intuito de buscar alternativas ao desvio da folha para a indústria ilegal da cocaína. Em muitas comunidades produtoras dos Yungas, problemas de acesso à energia elétrica foram resolvidos com a instalação — majoritariamente autogerida — de pequenas turbinas Pelton que se alimentavam das quedas d'água características dessa região tão acidentada e vertical. Apesar das ilusões que o governo de Evo Morales despertou por sua origem cocaleira, a ideia hegemônica do desenvolvimento "em grande

9 Ecorregião situada entre o Altiplano boliviano e a Amazônia. [N.E.]

escala" impactou profundamente os sindicatos da região do Chapare e, inclusive, dos Yungas. Mas isso, ademais, tem uma face oculta — basta constatar que uma das prioridades dessas três gestões de governo foi a de outorgar às forças armadas recursos importantes para seus planos de desenvolvimento industrial, de construções, de aeronáutica e de outros aspectos de alta concentração de capital, que, no caso da produção cocaleira, resultam reveladores: a reabilitação da fábrica de ácido sulfúrico em Oruro, a construção de um grande aeroporto em Chimoré e a recente inauguração de uma fábrica de ureia no Chapare apontam, como hipótese mais plausível, uma articulação de interesses entre o exército e os sindicatos cocaleiros (de mãos dadas com as redes mafiosas de ambos os setores) para o desenvolvimento da grande indústria, que não é outra senão a da cocaína (Rivera Cusicanqui, 2007).

São esses os paradoxos das ideias de progresso e desenvolvimento que penetraram na mente coletiva, a ponto de nos fazer perder o controle sobre nossa capacidade de pensar e também sobre nossa capacidade de produzir e reproduzir a vida. Creio que tudo isso seja resultado de termos aceitado, irrefletidamente, a noção de movimento social, sem perceber o efeito de "penumbra cognitiva" que ela exerce sobre as maneiras multiformes de organização e resistência da sociedade. Não percebemos que se tratava de uma palavra mágica, encobridora e mentirosa.

SOBRE O PODER DESTITUINTE DAS MOBILIZAÇÕES SOCIAIS

Em algumas apresentações que acompanhei em diversos eventos acadêmicos, a noção de movimentos sociais parecia limitada para dar conta dos fatos. O concreto, as lutas, as indignações cotidianas escapavam pelas fendas da argumentação. O mesmo ocorre com a ideia do instituído e do instituinte, que entrou na moda com o trabalho dos autonomistas italianos e dos pós-marxistas franceses. Já é hora de nos perguntarmos sobre o paradoxo do poder *destituinte* que, após se instalar como poder, não é capaz de instituir nada novo (Gutiérrez Aguilar, 2009; 2015; Colectivo Situaciones, 2009). Essa é a frustração que vivemos hoje na Bolívia. No Equador ocorreu o mesmo: mobilizações indígenas e populares derrubaram vários presidentes, e hoje a repressão às suas demandas é desenfreada. Na região andina de meu país, fizemos mobilizações massivas para derrubar Sánchez de Lozada e para fazer Carlos Mesa renunciar... Tudo isso para quê?

Retomei a ideia de poder destituinte também de uma crítica de Huáscar Salazar Lohman a René Zavaleta, apontando que seu conceito de "momentos constitutivos" ainda se centra no estado, enquanto os "momentos destitutivos" ocorrem na mobilização de coletividades concretas, por meio de sua própria práxis (Salazar Lohman, 2015). Trata-se de "momentos", a ponta do iceberg de um poder que, efetivamente, é o poder-fazer das "pessoas comuns". Esse magma subterrâneo — isso é uma adição minha — vai além do momento e continua depois do clímax para incubar outras verdades, outros raciocínios, que são os que vão terminar eclodindo na esfera pública uma vez concluída a fase da pacificação. E tal processo já está começando.

No caso mexicano, há uma corrente de debates articulada pelo seminário dirigido por Raquel Gutiérrez em Puebla, na universidade. Nesse espaço acadêmico, uma teórica e militante social maia como Gladys Tzul confluiu com um cochabambino de estirpe complexa como Salazar Lohman, além de pensadores e ativistas do México e de outros países. A maioria tem um pé na universidade e outro fora, e suas práticas são fundadas no cotidiano: ir dialogando pouco a pouco, tecendo redes, habitando fragmentos, formando esse nós inclusivo que é também uma "comunalidade de comunalidades" (em aimará, *jiwasa*, singular e plural simultaneamente). O fato de serem pensadores teóricos, mas também ativistas e ativadores de alvoroços de pensamento, de projetos de autonomia e autogestão e de realizações culturais que ocorrem por fora do estado e por fora do mercado, é um risco e uma promessa. Em boa hora, parecem ser marginais ao mercado de ideias e satrapias intelectuais que hoje querem se distinguir à nossa custa nas universidades do continente.

Mas o trabalho do grupo comunalidades não é o único. Há muitas pessoas refletindo em termos análogos, da geografia à filosofia, do feminismo à arte, passando pelo anarquismo e pela preocupação com a terra (bioarquitetura, agricultura urbana, ecologia). Inclusive as ciências jurídicas e os estudos pedagógicos estão se transformando. O interessante disso é que a produção teórica dessas pessoas costuma ficar de fora do menu dos grandes nomes, talvez porque termine sendo indigerível às estruturas acadêmicas de nossas universidades. As ciências sociais do continente têm ainda uma entonação eurocêntrica e colonizada; uma tendência a percorrer os caminhos das grandes palavras e dos grandes nomes, e isso me incomoda e me constrange. Por isso é que a ideia do poder destituinte me atrai: é uma espécie de "ideia menor" ou "teoria de baixa intensidade", que pode nos ajudar a sair do impasse e do vazio das palavras mágicas, que se protegem de todas as incertezas e evitam qualquer questionamento.

Indaguemos, por exemplo: se um tipo de poder é destituído, com o que é substituído? Não há discussão quanto a isso: um punhado de intelectuais acreditou formular as respostas com uma lábia que deixa de fora temas tão candentes quanto a exclusão, a subordinação, a misoginia, o monopólio do poder. E se recusam a debater com que direito passaram por cima das próprias normas constitucionais. Isso é demonstrado pelo dia a dia dos atos governamentais: o apagamento e a repressão de toda voz dissidente, a captura dos sistemas jurídicos autônomos e o império de uma legislação quase novecentista, que, ademais, é violada a todo momento, fazendo um uso perverso de seus ornamentos multiculturais.[10] Se essa foi ou não uma maquinação prévia, ou se foi sendo feita no caminho como resultado das pulsões inconscientes do *mestizaje* colonizado, é uma questão indecidível.

Contudo, se as coisas são julgadas por seus resultados, com uma atitude *qhipnayra*, isso nos ajudaria a reviver aqueles anos de 2005 e 2006, já não com a euforia da época, mas com um olhar autocrítico, capaz de trazer à tona umas quantas falácias, tanto nossas quanto as que o estado hiperbolizou. Entre estas

10 Assim, por exemplo, a Ley contra el Racismo y Toda Forma de Discriminación foi utilizada, principalmente, para processar todas as pessoas que falavam mal ou criticavam Evo Morales, Choquewanka ou esses índios "de exibição" que a cúpula militar/civil no poder utiliza como para-raios da indignação popular e para emitir mensagens coloniais subliminares. Para dizê-lo mais claramente: as emblemáticas figuras índias no poder são todas elas (menos Evo) "queimáveis" ou "para-raios" que servem para alardear uma luta anticorrupção "doa a quem doer" (*caiga quien caiga*). Mas os intocáveis (García Linera, Quintana, Llorenti, as forças armadas) nunca são julgados, nem sequer denunciados, pelos atos brutais de racismo e misoginia que perpetuam diariamente. Ver, a esse respeito, o artigo de Takovo Mora (*Página Siete*, 28 dez. 2016) sobre o abuso de mulheres e meninas em comércios de suposto contrabando e um longuíssimo etc.

últimas, aparece como central a noção de "identidade boliviana" encarnada no exército e em suas políticas nacionalistas; a fragilidade e a falsidade dos reconhecimentos à alteridade cultural; a misoginia estrutural provocada pela aliança entre corporações militares e sindicatos desde a década de 1960. Fazendo um uso cínico de palavras magicamente expropriadas das pessoas em luta, o sistema nominalista ancorado no "pluri-multi" conseguiu construir um poder às costas de todos: esmagando as autonomias indígenas e populares por meio de um sistema de clientelismo coletivo e ampliação de benesses, ferramentas forjadas no longínquo tempo do pacto militar-camponês. Qual é a diferença? Nos anos 1960 e 1970 isso era feito com a esmola dos Estados Unidos, e agora é feito com o dinheiro dos chineses e com excedentes do gás, ironicamente um pilar central da "agenda de outubro". E quem o faz hoje é a mesma minoria de então, masculina e misógina: de Barrientos a Evo Morales, somos governados pela mesma camada média arrivista de milicos e intelectuais cochabambinos (com a adição recente de mais *cambas*). Há mais de meio século, o nacionalismo, o machismo, o centralismo estatal são resultado de uma continuidade que apenas agora se torna visível. Essa *intelligentsia* soube capturar as lideranças "interessantes", seduzindo-as com seu discurso para se perpetuar no poder. Eles (e algumas delas) se deixaram seduzir. E aí está a perversa simbiose entre o conhecimento e a palavra: permite captar com certa fidelidade os anseios coletivos, mas, por meio de piruetas discursivas (um roteiro para cada audiência), esse conhecimento é deformado e transformado em ferramenta de poder, em palavra encobridora.

O que aconteceu conosco? Seria fácil dizer que a *intelligentsia* do poder nascente se excitou e se atemorizou gravemente entre 2000 e 2005. Creio ser necessário acrescentar a esse coquetel pulsional um ingrediente colonial: a atitude cega da soberba.

Eles acreditaram ser capazes de conceituar e teorizar o que estava acontecendo. Não podemos pensar que aquele foi um gesto solipsista, já que também contribuiu com ele a circulação internacional de novas ideias-força como a de "movimentos sociais". Tal simbiose de ideias e projetos resultou funcional ao exercício de poderes acadêmicos paralelos e complementares ao poder político,[11] ainda que isso seja matéria para outra análise.

O que nos ocorreu foi que esses "esquerdo-machos" ([como diz] Rolnik), inflamados com o vigor das massas, com a capacidade destituinte das mobilizações, colocaram nessa diversidade de pulsações coletivas o rótulo de "movimentos sociais", para transformá-las em sujeitos funcionais ao poder, ao seu próprio poder. Os artífices ideológicos do "processo de mudança" tentaram aplacar a sua efervescência, aquietar o magma social ingovernável e ilegível que esses processos significavam. Quiseram reduzi-los a um discurso e uma liderança carismática e autoritária. Na figura do "presidente indígena", foi conjugado, assim, um complexo aparato simbólico que vai do miserabilismo à exaltação messiânica. Nos altos níveis do aparato — que se reduz à Coordinadora Nacional por el Cambio (Conalcam), liderada pelas federações cocaleiras —, as figuras emblemáticas gozam também de notáveis cotas de poder, majoritariamente subterrâneo. Mas, nos níveis intermediários e baixos, prolifera o tipo de burocrata militante "queimável", descartável. A "sociedade de cúmplices" (Portocarrero, 2004) aí formada se inspira, em última instância, na aura de impunidade que rodeia os negócios e os

11 Basta constatar os numerosos títulos de doutor *honoris causa* outorgados a Álvaro García Linera em toda a América. Cumplicidade latino-americana, então, não somente de ideias mas também de peles. Poder de casta.

negociados de alto nível, tanto na cúpula governante quanto, especialmente, nas forças armadas. Dessa maneira, o poder simbólico índio-popular é reduzido por lideranças cooptáveis, corruptíveis e tolerantes da corrupção. Isso se dá no caso boliviano, mas é possível pensar que se trata de uma situação aplicável a essas modalidades de populismo ampliado e radicalismo discursivo que são a marca de fábrica do "progressismo" latino-americano. Assim, em uma astuta combinação de medidas repressivas e paródias de legalidade, os aparatos de poder vêm se renovando em sua dimensão colonizada-colonizadora, que, partindo de ambos os polos, conseguiu (mesmo que precariamente) silenciar a efervescência e esfriar o magma social multifacetado do início do século, que ainda não havia conseguido se autonomear.[12]

Como se poderia superar o paradoxo de um poder destituinte que só consegue restituir os poderes que acreditou ter

12 O slogan evocado pela Coordinadora del Agua y de la Vida, assim como pelo Conamaq do primeiro Pacto de Unidade, se aproximava do âmago desta nominação: a demanda por "participação política sem mediação partidária" propõe exatamente quem deveria exercer essa mediação não partidária, que tipo de organismos e quão diversas eram suas formas de convivência e autogoverno. Os proponentes dessas diversas comunalidades autônomas estão hoje marginalizados (caso de Oscar Olivera), exilados ou reclusos (caso de Adolfo Chávez da Confederación Indígena del Oriente Boliviano [Cidob], de Raquel Gutiérrez do Ejército Guerrillero Tupaq Katari [EGTK] e tantos outros). As vozes mais valiosas (que nem sempre se expressam em castelhano) foram caladas pela prisão, como é o caso de Tata Félix Becerra, dirigente quéchua do Conamaq, que passou dois anos presa, sem prova alguma de corrupção, pelo caso Fondo de Desarrollo Indígena y Campesino (Fondioc). E outros tantos morreram, desencantados, como Ayar Quispe, Jimmy Zalles, Javier Hurtado e Filemón Escóbar.

destituído? Creio que a incerteza esteja relacionada ao fato de que não nos perguntamos sobre a profundidade da crise epistêmica que vivemos nem somos capazes de uma autocrítica de fundo das nossas aporias e simplificações analíticas. Não queremos reconhecer que essa crise levou à quebra da ideia de "movimento social". É como uma linguagem em código: nós nos entendemos, mas não queremos falar do que ocorre em detalhes, quem são, o que querem, que linguagem falam e como se transformam as pessoas que supostamente enchem esse conjunto vazio chamado de "movimento social".[13] Há, contudo, algo provocativo nessa situação: necessariamente nos leva a recuperar o sentido e a dimensão comunicativa e política das palavras, seu nexo com a experiência e com a ação.

Insistamos: o que poderia substituir a ideia de "movimentos sociais"? Toda palavra mágica é uma espécie de continente, que não é habitado quando o nomeamos. O ato de nomear não acompanha o ato de habitar aquilo que se nomeia; falamos de "Aimará", mas não habitamos o mundo com, ao lado, ou na qualidade de Aimará. E acredito que não necessitamos fazer "trabalho de campo" em uma comunidade muito remota para entender que há uma episteme índia à flor da pele em muitos lugares, e que poderíamos habitá-la, ou seja, torná-la corpo: fazer dessa noção um modo corporal de existir e de conhecer. Mas, para isso, é preciso entender que as palavras mágicas, que não habitam o que nomeiam, são uma espécie

13 Não nos perguntamos, por exemplo, como a energia social das pessoas se voltou para empreendimentos — legais e ilegais — funcionais ao capitalismo; como agudas diferenciações de classe estão se formando entre os Aimará, associadas a mecanismos de superexploração legitimados culturalmente. Não queremos reconhecer que esse sujeito idílico e bonito de primórdios do milênio se transformou, se fragmentou e se desarticulou em muitos sentidos.

de “bloqueio de estrada” epistemológico. Vivemos em uma situação de penumbra cognitiva, que é o momento da crise. Mas sua outra face é, sem dúvida, a possibilidade de uma compreensão mais profunda da natureza dos fatos, e também a possibilidade de habitar a crise de forma produtiva.

Longe de nos inquietarmos buscando novos nomes, novos conceitos; longe de pensarmos que temos de sair rapidamente da crise porque seremos atropelados por coisas imensas: os grandes problemas da crise climática, a deterioração social etc.; longe de nos aferrarmos à necessidade de organizar e politizar, talvez tenhamos de começar a olhar com mais cuidado o que ocorre sob o radar. O contrário seria como pensar que primeiro vem a organização e, depois, a canalização desse fluxo energético de ideias e demandas. Nesse movimento, aparentemente bem-pensante, termina-se subjugando a rebeldia, ignorando as contradições e os conflitos, e impondo ideias únicas, palavras mágicas que domesticam a vitalidade dos desejos e a força das movimentações sociais indígenas, femininas, juvenis e populares.

AS OPORTUNIDADES ENCONTRADAS

A ideia da crise como possibilidade de conhecimento não é nova; já foi formulada nos anos 1980 pelo sociólogo boliviano René Zavaleta Mercado (2013a), que viu a crise como um momento de desvelamento, um momento em que a sociedade se despia de suas roupagens discursivas herdadas e estagnadas, e víamos nossas certezas afundando para reconhecer as coisas que antes não queríamos ver. Isso ocorreu, por exemplo, ao descobrir que, na Bolívia, seguia vigente uma textura colonial até então velada sob as palavras mágicas “campesinato”, “voto universal” e "sindicalismo". O caso é notável porque o descobrimento disso não foi feito por sociólogos ou historiadores, mas por cineastas. Assim, nas décadas de 1960 e 1970, os filmes *Ukamau* (1966) e *Yawar Mallku* (1969), de Jorge Sanjinés, iluminaram o que se vivia surda e solapadamente: a cotidiana discriminação racial, o colonialismo interno e internalizado, tanto nas elites quanto entre os membros da comunidade e migrantes indígenas. Igualmente, em *Chuquiago* (1977), de Antonio Eguino, e no mais recente *Para recibir el canto de los pájaros* (1995), de Sanjinés, é possível ver o racismo internalizado nos setores médios do *cholaje* arrivista como um fenômeno social amplo e difuso, uma espécie de cadeia de discriminações que se inscreve nos corpos e nas subjetividades. Só algum tempo depois, nos anos 1980, pessoas como Zavaleta e eu mesma começaram a refletir e a escrever sobre esses fatos, buscando teorizá-los e nomeá-los. Na época, essas ideias ainda eram execradas no mundo acadêmico, a tal ponto que tive dificuldades, em 1984, de encontrar uma editora para meu livro *Oprimidos pero no vencidos*,[14] porque me diziam que eu estava "mergulhando nas feridas do passado", ou "despertando ressentimentos e rancores" no emergente movimento katarista, que era visto, basicamente, como uma ameaça (Rivera Cusicanqui, 2003). Para mim, as feridas coloniais não eram algo do passado, ainda me doíam, e me lembro de uma frase de Octavio Paz que falava do presente como uma época em que as idades se entredevoram e as "feridas mais antigas ainda vertem sangue". É uma radiografia dessa presença dolorosa do passado no presente, mas que também alude à amnésia

14 O título completo é *Oprimidos pero no vencidos: luchas del campesinado aymara y qhechwa (1900-1980)*, hoje já com diversas edições e traduções (1986, 1987, 2003, 2010).

social. A academia é um reflexo fiel desse esquecimento, porque esses temas não são abordados,[15] pertencem ao mundo do indizível. Há uma espécie de fenda, uma incapacidade de articular conhecimento social transversalmente, e isso me preocupa. Talvez essa fenda seja mais nítida quanto à relação entre artes e ciências sociais, entre o artesanato do pensar e o trabalho criativo. Todo o artifício das ciências sociais se encontra cercado de palavras mágicas, e com elas se encobrem e são evitadas as artes do fazer. Se adotamos o ponto de vista inverso, em contrapartida, o plural "movimentos sociais" pode se desagregar em muitos singulares, e estes poderiam ser chamados de "comunidades", ainda que eu receie que a noção de "comunidade" também possa se tornar uma palavra mágica. Por exemplo, agora há muita reflexão e intervenção para forjar algum tipo de relação entre a comunidade e o estado, e aí me parece que há uma pergunta mal formulada. Primeiro precisamos gerar uma visão do que é cada comunidade no singular, como é produzida e reproduzida sua relação com o território e com a terra, com o comércio e a escola, e somente assim poderemos pensar nos modos próprios de relacionamento que cada uma delas forjou, ao longo de sua história, com os espaços que não controla: o estado e o mercado.

Para pensar melhor essa realidade multiforme, é valiosa a ideia de Maristella Svampa sobre a diversidade de formas de ser das comunidades: territoriais e de afinidades, "herdadas", baseadas no parentesco, mas que também podem ser recriadas ou reinventadas, tanto nos grandes centros urbanos quanto em cidades menores e nos cinturões hortícolas suburbanos (Svampa, 2010). As assembleias autoconvocadas

15 Octavio Paz, finalmente, é prêmio Nobel de literatura, e sua obra não é frequentada pelas ciências sociais.

da Argentina nos mostraram toda uma gama de exemplos das diversas formas de manejar e defender os bens comuns. [Benedict] Anderson fala de "comunidades imaginadas", mas se refere ao nível macro da nação, enquanto aqui se vê uma diversidade de comunidades que também imaginam e inventam seus próprios modos de ser. Em todo caso, essa reinvenção parece assumir a forma de uma autopoiese: as comunidades se recriam e se reproduzem a si mesmas no processo de seu fazer. E, ora, isso nem sempre gera estruturas permanentes. Essa é uma discussão em minha comunidade, porque no momento de definir quem são "membros" da Colectiva Ch'ixi, é necessário considerar as contribuições de trabalho, a presença nas reuniões, as iniciativas autogeridas etc. Por isso, e devido à presença intermitente de cerca de dezoito pessoas, decidimos que "somos os que estamos" em determinada circunstância, evento ou tomada de decisão. É que há uma condição itinerante e transitória nas comunidades urbanas, um permanente ir e vir de voluntários e amigos que contribuem com ideias, trabalho e uma certa disciplina gozosa que é matizada com *apthapis*, *akhullis*[16] e cerimônias rituais. Não há a "reuniãonite" típica das associações gremiais ou políticas; uma vez ao mês, convocamos a assembleia e debatemos com quem chega. A condição efêmera ou intermitente desta ou daquela pessoa não afeta a permanência e a duração do esforço e o trabalho conjunto.

Também vivi esse tipo de experiência em Bogotá, no bairro central de La Perseverancia, onde, em meio a um intenso

16 *Apthapi* se refere a uma prática de compartilhamento de comida, pela qual a contribuição é feita com algum alimento e as refeições ocorrem conjuntamente. A comida, em geral, é disposta em cima de *aguayos* (lenços utilizados pelas mulheres para carregar crianças ou itens), ao redor dos quais as pessoas se sentam para comer e conversar. Para *akhullis*, ver *akhulliku* no Glossário. [N.T.]

tráfego, se encontra a horta urbana de dona Rosita e sua família, que cultivam dezenas de variedades de feijão, além de hortaliças, milho, batata, e criam animais menores. Dona Rosita viola a lei todos os dias, pois troca suas sementes por toda a região andina do país, com a ajuda de seus vizinhos, o Colectivo Abya Yala. Vivi situações similares em Tinjacá, em Popayán e em várias cidades do continente. Na Cidade do México, entre duas unidades do Walmart, um grupo de amigos limpou um pequeno lote e o converteu em uma horta urbana produtiva. São coisas pequenas, frágeis, mas que anunciam outro tipo de consciência e de práxis. Certamente, o olhar sociológico não reparará nelas, habituado que está a pensar no "grande", nos grandes temas, como o estado, os movimentos sociais, a democracia... A crise nos ajuda a superar esses bloqueios e prestar atenção no pequeno, na multiplicidade e na diversidade de práticas pensantes que afloram por toda parte.

O QUE É INTERCULTURALIDADE?

Gostaria de fazer uma última reflexão crítica, no contexto do colóquio de outubro de 2016 em Bogotá. Acompanhei ali uma apresentação na qual se fazia apologia a uma universidade internacional no sul do Brasil e cuja palavra mágica utilizada foi "interculturalidade". Esse termo em voga, contudo, se apresentava como uma relação que aludia a nações, uma interculturalidade entre países. Nas atividades pedagógicas, estudantes da Colômbia e da Bolívia se reuniam, por exemplo, para propor um tema de pesquisa. Mas, se entre os bolivianos havia afro-bolivianos, Aimará e *cambas*, quem sabe não tivesse sido melhor reunir estudantes de vários países aludindo a outras identificações, transversais, que permitissem, por exemplo, falar de uma problemática afrodescendente ou de uma situação colonial ante os povos indígenas, ou de separatismos e regionalismos, mas já sem enclausurar essas problemáticas nas fronteiras nacionais. Se entre bolivianos e colombianos havia estudantes afro, teria sido melhor que se reunissem com afro-peruanos e afro-brasileiros para ver o que têm em comum e que trajetos nacionais os diferenciam.

Aqui há outra palavra mágica que nos interessa desmontar: nação. Uma palavra muito pesada, muito estudada, muito transladada, mas pouco compreendida como fato vivido.[17] É preciso recordar que nação é um fenômeno de origem recente, data apenas do século XVIII. O que temos, em todo caso, é uma realidade de regiões, de territórios articulados por paisagens, lagos, rios e montanhas, que estimulam práticas individuais e coletivas nas quais se faz visível a marca de memórias sociais em torno de *bens comuns*. Foi o que vi no caso do maciço colombiano, que convoca uma diversidade de atores sociais que cruzam fronteiras de municípios, províncias e departamentos. Isso talvez não tenha efeito na estrutura administrativa, mas fundamenta uma aposta pela reprodução da vida; pela defesa de uma territorialidade que vem sendo ameaçada e invadida. Isso o digo também pela minha identificação com a bacia lacustre [do Titiqaqa] que é, por sua vez, uma fronteira (Peru-Bolívia). Essa fronteira é meu habitat, e quando faço um ritual na Ilha do Sol não invoco somente as montanhas deste ou daquele lado da fronteira, mas toda a cordilheira. Vivemos em um atravessar permanente de fronteiras, no dia a dia, e, no entanto, os discursos públicos e a política em geral

17 Há textos que trabalham com a experiência do nacional "de baixo para cima", como o de Radcliffe e Westwood (1999) e o de Murillo Aliaga, Bautista Durán e Montellano Loredo (2014).

só aludem a identificações cercadas pelas fronteiras nacionais. Recordo que, em uma ocasião, estando na província de Pacajes, os Aimará das comunidades fronteiriças organizaram um campeonato de futebol na tríplice fronteira entre Chile, Peru e Bolívia. Os campos, situados na própria linha fronteiriça, serviram como cenário de uma espécie de performance coletiva de cruzamento de fronteiras com o ir e vir da bola. Tudo isso nos mostra quão absurda e obsoleta é a ideia de nação, assim como a do território-mapa, entendido como um espaço cercado, um *enclosure*. Penso que seja possível metaforizar a ideia de território, mas ela acaba sendo incompleta sem a ideia complementar de tecido. Território e tecido formam a unidade masculino-feminina do espaço comunitário. Essa metáfora cobre o arco do possível. Para mim, a noção de território foi capturada pelos estados como uma forma de domesticação da alteridade indígena: uma conversão da maioria em minoria. Assim, o estado "certifica" a condição étnica e a encerra em limites (jurídicos, geográficos) que minam suas potencialidades de autonomia e autogoverno.

O problema é que esse nacionalismo epistêmico é uma noção amplamente compartilhada: García Canclini (2012 [2007]) reduz uma série de ideias interessantes a um pacote de políticas culturais que são propostas aos estados nacionais. Em consequência, as realidades fáticas fronteiriças se tornam estudos de caso. A ruptura epistêmica que supõe sair da camisa de força da nação talvez nos permita olhar as coisas de outro modo, a partir das fronteiras transgredidas, das lutas pelo sentido e do espírito questionador da gente comum que olha com um fundo de ironia o *páthos* boliviano e os discursos nacionais grandiloquentes. Um estudante yuracaré de uma oficina de sociologia da imagem que ofereci em Cochabamba deu a chave desse novo olhar quando me disse:

"Eles nos fizeram acreditar que somos nações para que nos esqueçamos que somos comunidades".[18]

A visão a partir do pequeno pode ser subversiva em um sentido que ainda não conseguimos nomear adequadamente. Direi neste momento que gostaria de ver um mundo de biorregiões, não de nações; de bacias de rios, não de departamentos ou províncias; de cadeias de montanhas, não de cadeias de valor; de comunalidades autônomas, não de movimentos sociais. Com esses termos, quero enfatizar que é necessário honrar também um setor dos bolivianos que alimenta complexos processos fora das fronteiras do país. São os exilados das últimas décadas: mais de um terço da população boliviana saiu para viver e trabalhar em outros países e continentes. A potência que tem hoje em dia esse tipo de itinerância e transumância não pode ser ignorada. Por meio da internet, formaram-se coalizões em torno de temas sociais, ambientais, direitos econômicos, articulando suas demandas com as de organismos locais em seus respectivos países.

A ideia territorializada da identidade e da nação bloqueia nossa capacidade de conhecimento social ao nos afastar dessas múltiplas realidades, que, por sua vez, são difusas e planetárias, compactas, mas também porosas e moleculares. Estamos em uma crise tão profunda que é necessário parar, dar marcha a ré, voltar a ler etnografias, conectá-las com as preocupações da filosofia e da arte latino-americanas, para pensar essa crise de outra maneira.

18 Ele acrescentou que o reconhecimento dos Yuracaré como "nação" só havia implicado a realização de desfiles patrióticos junto aos militares, a instalação de centros de comunicação para difundir canais de TV controlados e a expansão de formas "modernas" de consumo no sul do Tipnis.

Em uma apresentação do colóquio de Bogotá sobre a mobilização do povo Nasa em defesa de uma montanha sagrada, o autor salientou que, no clímax do confronto entre os indígenas e a polícia, o que estava em jogo era uma pulsão vida/morte. Há um excesso de dramatismo nessa interpretação porque, para mim, tratava-se de um sentimento de indignação, e essa raiva pertence não a sentimentos patéticos e extremados, mas sim à cotidianidade da consciência do comum. Esse clímax sinaliza um momento de detenção e tensão, no qual a possibilidade da violência se faz iminente; porém, ao mesmo tempo, os indígenas enfrentam o inimigo com um desafio ético que, por fim, detém a violência. Aprender a sentir a indignação pode ser um caminho frutífero para superar o isolamento da academia e seus devaneios teóricos. Sentir, como senti na marcha indígena de 12 de outubro de 2016 em Bogotá, que a indignação não morreu, que a raiva pode gerar sentimentos de amor, de dignidade e de celebração do que nos é próprio, foi o que me ensinou a ver a outra face das confrontações dramáticas: um desejo coletivo de sair em defesa da vida contra a morte. No "tempo das coisas pequenas",[19] talvez seja a hora de voltar o olhar para a minúcia dos detalhes da existência, para encontrar neles as pautas de comportamento que nos ajudem a enfrentar os desafios deste momento de crise.

19 Sergio Almaráz dizia isso a respeito do último governo do MNR, quando as contendas intestinas e a barganha assistencialista faziam água nos grandes discursos de "independência econômica" e "revolução social" evocados pelo primeiro MNR. Aqui, inverto o sentido de seu juízo.

Oralidade, olhar e memórias do corpo nos Andes[1]

LUP'IÑA – AMUYT'AÑA

Nesta apresentação, permito-me falar com base em contextos epistemológicos reveladores, que partem da tentativa de compreender as vivências e emoções que acompanham o ato de pensar. Pensar, conhecer, são noções que podem ter dois significados em aimará: em primeiro lugar, *lup'iña*, pensar com a cabeça limpa, que vem da raiz *lupi*, luz do sol. Trata-se de uma forma de pensar que podemos associar ao racional. A outra, que é a que aqui me interessa, é o *amuyt'aña*, um modo de pensar que não reside na cabeça, mas sim no *chuyma*, que costuma ser traduzido como coração, ainda que não seja exatamente isso. *Chuyma* são os órgãos superiores, que incluem o coração, mas também os pulmões e o fígado, ou seja, as funções de absorção e purificação que o nosso corpo exerce em intercâmbio com o cosmos. Poderíamos dizer, então, que a respiração e a batida do coração constituem o ritmo desta forma de pensar. Falamos do pensar da caminhada, o pensar do ritual, o pensar da canção e o da dança. E esse pensar tem

1 Uma versão anterior deste texto foi apresentada na Oficina "The Same Old Story", Université de Fribourg, 9-10 abr. 2012.

a ver com a memória, ou, melhor dizendo, com as múltiplas memórias que habitam as subjetividades (pós-)coloniais em nossa zona dos Andes e que se expressam também no terreno linguístico.

Ora, se nosso ponto de partida for a dominação como um processo sistemático de silenciamento, cria-se um espaço de negociações mas também um espaço de paródia e de retóricas de convencimento mútuo para jogar com este mundo de espelhos deformantes que, de alguma maneira, constitui o colonialismo. Tanto a partir de cima quanto de baixo foi criado um espaço de confluência, um espaço *taypi*, no meio, que é um espaço *ch'ixi* em que habitam os que pensam que o mundo "índio" não está fora, mas dentro de nós; habita-nos. Esse dentro não é (somente) um tema de sangue. Pude perceber isso conversando com pessoas como Gastón Soublette, um filósofo chileno de (remota) origem francesa e professor de estética em Santiago, cuja aproximação ao mundo mapuche o pôs nas primeiras páginas das correntes estético-políticas naquele país. Atribuo essa sensibilidade ao fato de que ele havia tido uma babá aimará em sua infância em Antofagasta, e ainda que ele não concordasse com a forma explícita em que o enredei nesse laço, não pude deixar de ver, em seu modo de estar no mundo, um reflexo de meu próprio processo de apaixonamento pela realidade aimará, que conheci na minha infância mais tenra, carregada no ***awayu*** de Rosa. Talvez um exemplo mais próximo ao que conhecemos como "mundo andino" seja o dos pensadores *ch'ixis* da chamada "Vanguarda do Titikaka", que, como Arturo Peralta (mais conhecido como Gamaliel Churata), aprenderam coisas muito profundas de sua sociedade não apenas desta mãe substituta que os embalou e lhes narrou histórias de sua infância, mas também da paisagem que os rodeava, os ***achachilas*** e o Lago Sagrado, que falam em sua obra e que guiaram seu pensamento. De minha parte, sinto-me privilegiada por ter uma tripla fonte dessa índia interior em minha subjetividade: por um lado, os *achachilas*, as montanhas e o lago — o entorno de meu existir; por outro, a mulher que me carregou em seu *awayu* quando era *wawa*, minha mãe substituta. Dela fiquei órfã aos oito anos, e dela bebi o ritmo de uma língua e de uma narrativa oral que ficaram guardadas em meu âmago. E, por último, tenho também o traço do sangue, que se traduz em meu sobrenome materno. Essa marca tripla que me habita e me constitui é o que me levou a pensar que a descolonização começa pela própria casa.

ORALIDADES

Ao falarmos de linguagens orais, é necessário entender os modos paródicos de pensar e expressar que abundam nos contextos andino-populares. Com isso, espero fundamentar a rejeição instintiva que as versões essencialistas da identidade me produzem. Aqui valeria a pena considerar um par de exemplos. Quando eu estava em meu segundo ano de universidade (1970-1971), cansada da retórica esquerdista da "aliança operário-camponesa", fui viver em uma comunidade falante de quéchua, em Apolo, como professora rural. Não falava uma só palavra em quéchua, e as crianças eram praticamente monolíngues nesse idioma. Sem querer, terminei fazendo algo no estilo do "mestre ignorante":[2] tinha somente um livrinho bilíngue quéchua-castelhano, publicado pelo Instituto Linguístico de Verano (ILV), e, lendo-o, os alunos e a professora

2 Refiro-me ao educador francês do século XVIII Joseph Jacotot, tal como é apresentado por Rancière (2006 [2007]).

aprendíamos ambos os idiomas. Buscando dialogar com essa situação de encerramento linguístico, percebi que o recreio, para eles, era um espaço de liberdade. Ali falavam em castelhano, como que querendo demonstrar que sabiam, mas só diziam palavrões. Haviam transformado o recreio em um espaço de jogo linguístico comigo, que não podiam estabelecer durante as aulas, nas quais, em geral, permaneciam calados, ainda que fosse uma ***ch'ujlla*** mais precária e incômoda que o campo de futebol. Tal é o poder simbólico da "língua legítima", que é, neste caso, um poder de silenciamento.

Um segundo exemplo foi relatado por uma amiga antropóloga, Casandra Torrico, e ocorreu durante sua pesquisa sobre a reforma educativa no norte de Potosí. Ela foi testemunha de um diálogo em quéchua no recreio, entre alunos da escola bilíngue da comunidade, o qual reproduzo de maneira aproximada, segundo me lembro do que Casandra traduziu do quéchua:

> Aluno 1: A professora falou que amanhã temos que vir pra aula vestidos de índio.
>
> Aluna 2: Mas por que, se na segunda-feira, na hora cívica, já viemos vestidos de índio?
>
> Aluno 1: É porque ela falou que a senhorita do projeto vem amanhã.[3]
>
> Aluna 2: Hum...
>
> Aluno 1: A professora disse que vai dar chicotada na gente se não viermos vestidos de índio.

3 Refere-se ao projeto Equipo Técnico de Apoyo a la Reforma Educativa (Etare), do Banco Mundial, que aplicou a reforma educativa intercultural e bilíngue.

Esse diálogo é revelador em mais de um sentido. Mostra a condição "emblemática" e performativa da identidade étnica[4] em relação ao cenário de visibilidade da escola, enquanto vitrine do estado. E, por outro lado, revela a maneira colonial de imposição autoritária de uma identidade "índia" aos e às jovens estudantes, que talvez prefiram as impurezas e gostos modernos próprios de uma vida cotidiana na qual a heterodoxia e a mescla são características de suas vestimentas. Talvez elas e eles queiram se sentir livres para combinar o uso de um casaco ou de uma calça jeans de origem industrial com uma faixa ou uma ***ch'uspa*** de tecido andino tradicional. E essa condição "contaminada" e impura de sua atitude é sistematicamente negada, tanto nos processos de recuperação linguística quanto nos esforços da etno-história e da própria história oral, que às vezes tendem a desenterrar um passado idealizado e uma condição andina ancestral pura, que não existe nos fatos. Com isso, paradoxalmente, se naturaliza a condição racializada do mundo índio.

Essa constatação parte também de nossa própria experiência com o discurso oral,[5] pois existem várias formas de oralidade. Teríamos de distinguir a oralidade dialógica, mais íntima, a conversa de ida e volta, que ocorre nos contextos domésticos e do *akhulli* (consumo de coca no descanso laboral ou ritual), daquela oralidade que se pronuncia, por assim dizer, com o dedo levantado. Refiro-me à oralidade dos discursos estatais (Evo Morales é um claro exemplo) que costumam

4 Rossana Barragán foi a primeira a chamar a atenção sobre a condição "emblemática" das identidades expressadas por meio da vestimenta, em seu estudo pioneiro "Entre polleras, lliqllas y ñañacas: Los mestizos y la emergencia de la tercera república", em Arce *et al.* (1992).

5 Aqui me refiro, em particular, ao Taller de Historia Oral Andina (THOA), do qual fiz parte entre 1983 e 2009.

durar várias horas — todo mundo em silêncio e só uma voz discursando. Víctor Vich e Virginia Zabala (2004) analisaram a oralidade como performance, e é evidente que os discursos oficiais, sindicais e políticos são formas de oralidade baseadas no poder, performances de autoridade. Há uma oralidade do bar e outra oralidade da escola ou da universidade; e há ideologias de identidade que surgem nos interstícios ou zonas de fricção entre esses modos disjuntivos da identidade e da expressão linguística.

Em termos gerais, penso que há um processo de longa data de negociações entre as esferas de poder e as esferas da resistência comunitária. Também penso que há uma pulsão de autonomia, por parte das comunidades (herdadas, inventadas ou reconstruídas), que está permanentemente sob ameaça e que pode chegar a ser submetida a uma espécie de sequestro identitário. Neste caso, estaríamos falando de uma captura estatal das identidades étnicas, de toda mais-valia simbólica que nasce do trabalho não pago de gerações e gerações. Assim, o estado convida as populações subalternas a compartilhar da mesa do poder, mas isso se reduz a compartilhar as migalhas, chame-se de "desenvolvimento", de bem-estar ou de consumo. Há, então, esferas de mediação partilhadas, nas quais se produz uma espécie de consciência mútua de caráter populista sobre a importância estratégica da condição índia. Obviamente, aqui estou falando da Bolívia, onde o censo de 2001 nos surpreendeu com a informação de que 62% da população se autoidentificou com algum povo indígena, em contraste com 49% de falantes de línguas próprias. Sabemos, contudo, que costuma haver nos censos uma sub-representação de falantes de línguas subalternas. Assim, em ambos os casos, estaríamos falando da condição indígena como uma condição majoritária da população boliviana. Porém, nas últimas décadas (e isso inclui a década da Bolívia "plurinacional"), o estado boliviano lutou para converter o que havia sido uma indianidade com consciência de maioria em uma indianidade diminuída e ornamental.[6] Uma identidade que, no estilo de Kymlicka,[7] produzirá necessariamente uma consciência de minoria, a contrapelo das várias décadas de insurgência étnica, que vão desde a era katarista (1970-1980) até o princípio do novo milênio (2000-2005). Considero que foram as brechas geracionais e de gênero entre esses dois horizontes da história recente que conseguiram transformar o papel da indianidade, convertendo-a em um ornamento emblemático das novas formas de dominação *mestiza* na Bolívia, onde o disfarce e a paródia se tornaram a forma dominante de visibilidade estatal da questão étnica, que cumpre hoje, mais do que nunca, uma função eminentemente encobridora.

PERFORMANCES

Contudo, segundo outra perspectiva — digamos que mais "de baixo" —, creio que continuem ocorrendo, no cotidiano, identidades *ch'ixi* e negações identitárias *ch'ixi*, nas quais se percebem agenciamentos que vão a contrapelo da homogeneização forçada e da "etnicidade estratégica" (Baud *et al.*, 1996). Proponho pensar a identidade não como contida em um mapa, mas como um tecido de trocas, que também é um

6 E acredito que está conseguindo, a julgar pelos resultados do Censo de 2012, em que a autodeclaração caiu para cerca de 43%.

7 Refiro-me a seu clássico *Ciudadanía multicultural* (2006), que parece ser o livro de cabeceira do [então] vice-presidente boliviano, Álvaro García Linera.

tecido feminino e um processo de devir. Penso que são as táticas de inclusão e de reflexão sobre o "outro" — basicamente, táticas de domesticação do outro por meio do trabalho têxtil — que podem nos servir como metáfora para uma noção de identificação pensada pela prática intercultural, e não como um disfarce.[8] Mas temos, por outro lado, a persistência da versão masculina da identidade, que está ancorada no mapa. O mapa seria então a forma moderna, multicultural, da identidade como questão de minorias: o território étnico, o espaço circunscrito e cercado por fronteiras, representado por símbolos e signos corporais. O que na antiguidade andina foi uma relação de travessia, busca e construção de identidades, fundadora de pertencimentos e genealogias espaciais, uma relação surgida do trabalho das mãos, da caminhada, do *thaki-takiy* (caminho e dança: procissão dançada e ritual por um espaço sagrado), se converteu hoje em uma etnicidade cercada, fechada em mapas étnicos, cuja cúpula se aproxima do poder e se mostra ao outro como exterioridade. Em sua tese de doutorado, Gabriela Canedo mostrou que esse processo de confinamento ocorreu também com as comunidades indígenas das terras baixas, como as do povo Moxeño, que caminharam em busca do "Morro Santo" ou "Terra sem mal" em migrações periódicas até territórios livres da opressão colonial de fazendeiros *karayanas*[9] (Canedo Vásquez, 2011). Essas buscas eram reminiscentes dos antigos lugares de caça

8 Esse é um dos ensinamentos da obra de Denise Arnold, Juan de Dios Yapita e Elvira Espejo (2007).

9 *Karayanas* é um nome dado aos brancos por grupos indígenas das terras baixas bolivianas. [N.T.]

e pesca do período anterior às *reducciones*, memória entrelaçada e justaposta com práticas e símbolos cristãos.[10]

É necessário enfatizar que esse processo de cercamento e territorialização da etnicidade, que começa no auge das reformas neoliberais, continuou sem maiores modificações na época do chamado "estado plurinacional". O paradoxo é que nem o Chapare, nem El Alto, nem nenhuma zona de insurgência étnica recente estão incluídos nos mapas étnicos das 36 "nações" reconhecidas pela nova constituição política do estado. Muitas dessas zonas eram antes chamadas de "zonas de colonização", e hoje se chamam "comunidades interculturais", onde se misturam e se mitigam as identidades étnicas com as práticas mercantil-capitalistas em vários setores camponeses (notoriamente, os cocaleiros, que disputam os territórios indígenas das terras baixas).[11] São zonas nas quais se produzem atritos interétnicos, racismos internalizados, agressões entre (quase) iguais. Se os movimentos indígenas pudessem reivindicar para si, como parte de suas demandas,

10 Ver também o trabalho de Zulema Lehm Ardaya (1992), que rastreia essas migrações como memória fundante da Marcha Indígena por el Territorio y la Dignidad, de 1990.

11 A denominação de "colonizadores" na Bolívia contemporânea foi utilizada para setores de migrantes rurais, normalmente do Altiplano, que se estabeleciam como colonos nas terras baixas, em um processo que foi tanto incentivado pelo Estado quanto espontâneo. O setor cocaleiro do Chapare, onde Evo Morales iniciou sua militância social e política, é fruto desse processo de "colonização". Devido à conotação negativa da palavra, a antiga Confederación Sindical de Colonizadores de Bolivia mudou seu nome nos últimos anos para Confederación Sindical de Comunidades Interculturales de Bolivia. [N.T.]

o tema das trabalhadoras domésticas indígenas nas cidades,[12] ou dos safreiros, e inclusive dos próprios "colonizadores", o alcance subversivo de sua política seria muito mais interessante. Mas há, contudo, discursos essencialistas e patriarcais que desprezam qualquer possibilidade de "indianizar" as reivindicações laborais ou de direitos humanos que se aninham nessas populações intersticiais *cholas*, que são deixadas em uma espécie de modernidade falsa e em uma cidadania de segunda classe. Pior ainda, essa modernidade e essa cidadania se convertem em modelo, em ideal de vida.

Esses são os paradoxos e os dramas para os quais procuro encontrar uma saída, e, no caminho, quero refletir que nesse *taypi* também se produz uma negociação entre oralidade e escritura. Darei alguns exemplos que evidenciam, a meu juízo, questões relevantes para os temas aqui discutidos.[13] Nos anos 1970, a insurgência étnica katarista teve muita relação com o rádio. A radionovela *Tupaq Katari*, por exemplo, se difundiu pela Rádio San Gabriel em plena ditadura de Bánzer (1971-1978), e em sua produção trabalharam vários radialistas, migrantes do campo para a cidade, cujo domínio do aimará lhes permitiu uma margem de sucesso e um espaço político importantes.

12 Não faz muito tempo, o líder aimará Felipe Quispe, o "Mallku", acusava de traidoras as empregadas domésticas que, migrando do campo à cidade, começavam a trabalhar na casa do inimigo *q'ara*. Não sabemos o quanto esse esforço laboral de mães, irmãs ou casais teria permitido que Quispe e aqueles que, como ele, militaram clandestinamente na guerrilha e no sindicalismo radical aimará dedicassem seu tempo à política (ver, a esse respeito, Darling, 2010).

13 A estratégia metodológica que uso aqui foi chamada de *qhipnayra* (futuro-passado). Essa metodologia, desenvolvida inicialmente pelo Taller de Historia Oral Andina, se baseia no aforismo aimará "*qhipnayr uñtasis sarnaqapxañani*" — é preciso caminhar pelo presente olhando com os olhos do futuro (atrás) e do passado (adiante).

Eles faziam um uso metafórico, típico do aimará, com o fim de introduzir significados de queixa e crítica à dominação militar. A própria natureza do aimará como língua aglutinante baseada em raízes, às quais se agregam sufixos múltiplos de maneira combinada, permite ao falante cobrir um campo semântico muito vasto, o que, em instâncias como essa, é capaz de revolver as realidades políticas do momento.[14] Assim, os libretistas introduziram sutis transformações de significado no roteiro histórico escrito por Albó e Barnadas (1984), de tal modo que os personagens dominantes do passado — os abusivos *chapetones*[15] e *criollos* — acabaram demasiadamente parecidos com os ditadores do presente, e Tupaq Katari e seus seguidores viveram uma espécie de reencarnação na pessoa de Genaro Flores e nos líderes kataristas, que conspiravam na clandestinidade naquela época. Houve todo um processo hermenêutico do discurso oral a cargo dos próprios falantes, que permitiu convocar comunidades de fala, comunidades interpretativas, de modo que somente quando se pertencia a essas comunidades era possível ler as mensagens políticas escondidas por trás de uma narrativa ficcional aparentemente muito distante do presente. É necessário enfatizar que essas comunidades interpretativas, como círculos concêntricos, abarcavam estratos de uma intelectualidade

14 Creio que as línguas aglutinantes são apropriadas para a metáfora e para a alegoria. Há uma enorme capacidade metafórica no aimará, que se agudizou pela situação colonial. Foi aperfeiçoada a sutileza de dizer uma coisa e querer dizer outra, a estratégia ***urtimala***, do *trickster*.

15 *Chapetones* é um termo que faz alusão à condição militarizada dos primeiros colonizadores espanhóis, que vestiam armaduras de metal ou couro para proteger a si mesmos e seus cavalos das armas indígenas. [N.E.]

aimará emergente nas cidades, cujo discurso histórico adquiria tonalidades políticas explicitamente identitárias.[16]

Naquela época, eram produzidos nexos de sentido entre o passado e o presente por meio da oralidade do rádio, que derivaram em um esfacelamento do pacto militar-camponês e, eventualmente, na queda da ditadura em 1978. Mas a inteligência estatal só percebeu isso quando já era muito tarde, ou seja, quando a fraude eleitoral do pleito daquele ano fracassou, quando o katarismo emergiu na arena pública como uma força importante e surpreendeu tanto a direita quanto a esquerda por seu discurso renovado, em que a indianidade se sustentava na consciência de um passado de lutas até então obliterado ou guardado em arquivos.

O rádio esteve muito relacionado a esse processo de reatualização das histórias submersas da resistência aimará. Com o Taller de Historia Oral Andina, nós mesmos estávamos, no início dos anos 1980, desempoeirando, no Arquivo de La Paz e nas comunidades da Marka Curawara de Pacajes, a luta dos caciques *apoderados* dos anos 1920 a 1940[17] e de seu

16 O próprio Felipe Quispe se formou, quando jovem, como comentarista dos capítulos da radionovela. É preciso reconhecer também que esse processo de construção identitária se sustentava crescentemente na visão reificada de um passado de sofrimento e opressão que não permitia outra política senão a do ressentimento e da revanche.

17 Os caciques *apoderados* formavam uma rede de líderes de comunidades indígenas para resistir ao leilão de suas terras pelo Estado republicano e a consequente invasão das fazendas, especialmente por meio da coleta de documentos coloniais de posse arquivados em Sucre ou mesmo em Lima. Foram ativos a partir das últimas décadas do século XIX até a reforma agrária de 1953. [N.T.]

líder, Santos Marka T'ula.[18] Posteriormente, soube que não havíamos sido os primeiros a descobrir essa figura esquecida, pois antes houve outra radionovela, criada nos anos 1960 por Fidel Huanca Huarachi,[19] sobre a vida desse personagem, hoje amplamente reconhecido no panteão dos heróis culturais do movimento aimará. Em uma entrevista que me concedeu antes de sua morte, Don Fidel me contou que sua radionovela tinha como figura central o mesmíssimo Marka T'ula, uma espécie de vingador andino, mais orientado à ação comunitária que ao caudilhismo individual, cuja história acreditávamos ser os primeiros a tornar pública. Ao adquirir em sua recriação ficcional as características de um vingador de agravos, Marka T'ula interpelava figuras do rádio e da TV muito populares entre a juventude de migrantes que chegavam em ondas às ladeiras de La Paz e a El Alto. Mas também reunia características de personagens de contos tradicionais, figuras fracas e astutas, capazes de preparar armadilhas para o poderoso. Parece então que Marka T'ula, sem ser um herói solitário — pois seus nexos com a comunidade e com a rede de caciques *apoderados* eram bastante explícitos —, representava uma espécie de *urtimala*, o qual Fidel batizou de Poncho Negro. Nessa figura, podemos ver um herói cultural *ch'ixi*, reatualizado ficcionalmente por meio da oralidade, mas em combinação com elementos modernos; uma espécie de Zorro, então uma figura

18 Ver Taller de Historia Oral Andina (1984). Em 1987, essa pesquisa se desdobrou também em uma forma de oralidade radial com a novela *Santos Marka T'ula*, que teve um êxito enorme e foi reproduzida muitas vezes na Rádio San Gabriel e na rede de emissoras comunitárias da Asociación de Proprietários de Radio Emisoras Aymaras de La Paz (Arealp).

19 Don Fidel era também uma espécie de líder cultural dos kataristas, junto com Jach'a Flores, compositor de extraordinárias *morenadas*.

muito popular no cinema mexicano, que é complementada com uma marca cultural própria. Devemos mencionar que Fidel Huanca Huarachi era oriundo da mesma região na qual o cacique *apoderado* Santos Marka T'ula dera seus primeiros passos, tendo construído as características de sua história épica com base em relatos orais recolhidos de seu entorno.[20] Mas não foi uma transferência fiel, posto que combinou elementos tradicionais com características da cultura popular urbana que tinham um grande atrativo para os migrantes aimará da geração jovem. Aí reside o nexo intergeracional e intercultural construído por meio do rádio. O aporte heterodoxo e *ch'ixi* dos radialistas aimará foi a chave para o impacto político da crítica cultural representada pelo katarismo.

O trabalho do Taller de Historia Oral Andina percorreu então, sem o saber, um caminho paralelo ao de outros ideólogos do katarismo e, em ambos os casos, houve uma intensa interação entre gerações, uma ponte entre as tradições e memórias orais e os meios modernos de reprodução mecânica (Benjamin, 1969 [1987]), que articulavam as novas experiências migratórias, seus gostos modernos e linguagens, com as memórias de seus avôs e avós e palavras daqueles que ficaram

20 Diferentemente do trabalho de Fidel Huanca e da reconstrução do Taller de Historia Oral Andina (1984), que acentuam o caráter coletivo da liderança do movimento de caciques *apoderados*, o filme *Insurgentes* (2012), de Jorge Sanjinés, representa Marka T'ula como uma figura individualizada e solitária. Somente no cartaz ele é visto encabeçando um "grupo" de personagens díspares, como ponto de inflexão em uma história secular. Na cena final, Marka T'ula cruza com Evo Morales quando está a ponto de subir em um teleférico, como se este fosse o herdeiro moderno de uma luta indígena ancestral. Além de distorcer a história, Sanjinés parece confundir aqui a realidade do governo do MAS com seus próprios desejos.

na comunidade. Quero destacar aqui que as conotações sutis evocadas por um discurso oral polissêmico ocorriam em um contexto de disponibilidade cultural à resistência e à crítica, em que comunidades linguísticas urbanas e rurais, bilíngues e mutuamente inteligíveis — ao menos até certo ponto — podiam interpretar a encenação de uma radionovela em seu sentido metafórico e não literal.

Com relação aos nexos entre o oral e o escrito, recordo que, nessa época inocente e ingênua, na qual acreditávamos que o documento era a mentira, e a oralidade, a verdade, tivemos a sorte de perceber muito cedo que uma parte dos mitos orais que recolhíamos tinha, na verdade, origem em documentos. É o caso de um conto narrado até hoje em algumas comunidades, segundo o qual os antepassados compraram a terra com cargas de ouro e prata dos espanhóis. A origem dessa história está nos Títulos de Composição e Venda dos séculos XVII e XVIII, documentos que foram encontrados pelos caciques *apoderados* em suas viagens a Lima e, sobretudo, a Sucre, de onde tiraram as cifras dessas cargas de ouro e prata que haviam pagado pelas terras da comunidade. Esses relatos nos ensinam a não linearidade da história, o caráter não progressivo do seu curso e o fato de que tanto o esquecimento quanto a lembrança são seletivos e se entrelaçam de maneiras situacionais e diversas no presente. O fato da Independência, por exemplo, é um fato esquecido. Continuamos na colônia. Quando conversávamos nas comunidades, chamavam os *criollos* de espanhóis, tanto os *criollos* republicanos que usurparam suas terras quanto nossos contemporâneos, os *q'aras* urbanos. Além disso, há o fato de defenderem as Leis das Índias como parte de suas reivindicações nos anos prévios à reforma agrária e de transformarem as Leis das Índias em

Leis dos Índios, invocando as duas repúblicas coloniais,[21] o que traduz, segundo Waskar Ari Chachaki (2014), uma "política da terra". Todos esses são atos políticos, agenciamentos de desejo coletivo que se sustentam no passado colonial, que é reatualizado na forma *qhipnayra* à luz do presente.

Por fim, gostaria de mencionar que, embora tenham ocorrido processos de recolonização importantes a partir do *logos*, estes são mais difíceis quando dizem respeito às memórias do corpo. Apresento dois exemplos. Geralmente, no momento do triunfo, as mulheres estão ausentes, mas, no momento de lutar, são as primeiras. Isso ocorria com os bloqueios de estradas entre 2000 e 2003. Nesse lapso, uma das coisas sistemáticas que as mulheres faziam nos bloqueios era vestir sua melhor roupa tradicional — sobretudo quando já se sentia fome, quando os próprios soldados viam suas rações reduzidas —, sentar-se em meio às pedras, desdobrar seus *apthapis* sobre *awayus* e compartilhar com os bloqueadores uma variedade de produtos locais: batata, *chuño*, favas, queijo, pimentas e milho tostado. Tudo isso durava um longo tempo, até que os soldados iam embora. E, então, elas lhe davam algo para comer. Aqui é possível notar uma espécie de luta psicológica e de mensagem política. As comunidades diziam às pessoas da cidade: nós produzimos, vocês só consomem, vocês dependem de nós. Por trás do gesto corporal, havia uma compreensão

21 Marcadas pela vigência das Leis das Índias, as "duas repúblicas" se referem a um pacto colonial que permitia a existência de duas comunidades políticas subordinadas à Coroa espanhola: a república dos índios e a república dos *criollos*. Isso permitia às comunidades indígenas manterem certa autonomia, com suas autoridades próprias e o domínio de seus territórios, desde que fornecessem mão de obra para as minas de prata da Coroa. [N.T.]

teórica e uma ética comunitária que enfrentava a *doxa* miserabilista da casta dominante.

Outro episódio de corporalidade memoriosa era a Alvorada no Carnaval de Oruro, essa sim, colonizada.[22] Depois da Entrada de Carnaval, tendo festejado todo o dia e toda a noite, era aguardada a alvorada, momento de cacofonia total: quarenta bandas de *morenada* tocando ao mesmo tempo quarenta diferentes *morenadas*. Só era possível escutar algumas, as mais próximas, que se faziam discerníveis do ruído ensurdecedor. Mas o mais fantástico desse momento de caos, de escuridão, era que, quando a aurora começava a ser sentida, o som das bandas acompanhava a saída da primeira estrela, a estrela do amanhecer, que é também a Virgem da Candelária, para depois, em um clímax de ritmo e euforia coletiva, receber os primeiros raios de sol. Um evento arcaico se reatualizava no corpo, e voltávamos a viver o primeiro amanhecer da humanidade. Recordávamos coletivamente, com a respiração e o ritmo, o primeiro amanhecer de uma das quatro idades andinas: o mito Uru da saída do sol, com o que se acabou a humanidade *Chullpa*, antecessora dos Inca. Minha hipótese é a de que esse *pachakuti* não acabou com toda a humanidade: salvaram-se os músicos, os sábios, as tecelãs e os *yatiris*. Ou seja, aquelas pessoas capazes de transitar entre a escuridão e a luz, entre a vasta ignorância da noite e o brilho do pensamento e da criação. Daí o nexo corporal entre esse primeiro amanhecer e a música. Salvou-se a música graças à cacofonia, essa desordem

22 Já há alguns anos, a Alvorada não é mais celebrada como descrevo aqui. Ela foi substituída por um festival de *morenadas* diurno, em que quarenta (ou mais) bandas tocam em uníssono a mesma melodia. A primeira versão ocorreu para postular uma menção no *Guinness Book*.

de sons da qual sempre é possível que renasça a singularidade de uma melodia.

DIÁLOGO COM O PÚBLICO

[PÚBLICO] Silvia, você dizia que o *ch'ixi* vem do têxtil. O que tem a ver com o *ch'imi*, essa combinação de cores que também vem do têxtil, essa mescla?

[SILVIA RIVERA CUSICANQUI] O que você diz se refere a uma gradação mais ordenada. O *ch'ixi* é mais desordenado, é como uma reverberação. O que você chama de *ch'imi* talvez seja a *k'isa*, que é uma gradação imperceptível de transição entre uma cor e outra. O *ch'ixi* é como uma reverberação. Só à distância o *ch'ixi* é uma terceira cor, mas, de perto, são cores opostas. Além disso, nos povoados, os habitantes *mestizos* que preferem ficar e conviver com as pessoas dos *ayllus* são chamados de *marka ch'ixi*. Podemos dizer que há aí um potencial: tornar-se *pä chuyma*, colonizado e dividido, ou emancipar-se assumindo a contradição como força criativa.

[PB] Cacofonia para você é um termo positivo, algo desejável...

[SRC] Não exatamente desejável, porque, como todo o mundo andino, tem seu tempo, seu momento, sua hora e seu dia. A cacofonia é perfeita para o momento liminar entre a noite e o dia. É perfeita na época de Carnaval. Não em qualquer momento. É o mesmo com a embriaguez. É um momento de perigo, como quando os músicos vão serenar seus instrumentos em olhos d'água, correm o risco de ficar loucos, mas é, ao mesmo tempo, fonte da criatividade musical, da composição. Literalmente, é "o *sirinu*" ou "a *sirina*"[23] que presenteia os músicos com as melodias que estreiam cada ano no Carnaval.

[PB] Nesse espaço cacofônico que você reivindica, qual é o lugar que atribui às línguas no descobrimento de sua identidade?

[SRC] Não sei... Penso que os momentos liminares abrem a possibilidade de que aflorem canais fechados da memória inconsciente. Quando sonhei pela primeira vez em aimará, senti que o lembrava depois de quatro gerações. A sintaxe do castelhano popular andino já é um trânsito em direção ao aimará. No momento liminar da cacofonia, da babel, do desconcerto, existe uma ausência de defesas e, simultaneamente, uma intensidade subjetiva que despoja você do ego, da autoridade, e que permite reconhecer sua ignorância. E aí se abre uma eclusa da memória esquecida, reprimida, oprimida, que oferece, de imediato, uma luz em meio a tudo. E isso está relacionado com a criatividade artística e a ação política.

23 *Sirinu* e *sirina* são termos que aludem ao costume aimará e quéchua de colocar instrumentos musicais, geralmente de sopro, próximos a uma cachoeira ou a um rio, com o objetivo de receber melodias das entidades femininas das águas. Nesse contexto, o termo *sirinu* seria associado ao sereno e ao ato de serenar, enquanto *sirina* seria uma referência a essas entidades, cuja imagem remete à da sereia da tradição greco-romana. No entanto, em algumas regiões se diz que quem presenteia a melodia ao músico é uma deidade que pode ter uma figura masculina e feminina e que, por ser incompreendida pelos colonizadores, se tornou conhecida como diabólica. [N.E.]

Micropolítica andina: formas elementares de insurgência cotidiana

Gostaria de começar apontando que vivi, ao longo de três décadas, uma espécie de descobrimento por conta própria da noção de "micropolítica". Por meio de uma prática multiforme, hesitante e com altos e baixos, isso me permitiu ler de outra maneira as fontes que, em qualquer outro trabalho intelectual, deveriam ter sido meu ponto de partida. Felicito-me, pois, por essa "ousadia de colonizada", que me levou a intervir na ordem escolástica e a buscar a teoria em outras fontes, mais próximas à experiência vivida. Gayatri Spivak me disse, na antessala da conferência que deu em La Paz em 2008: "*I do theory with my guts*" [Faço teoria com as minhas entranhas].

Além disso, o contato com as leituras não foi algo da vontade planejadora, mas de encontros, talvez auspiciados pela *pacha*. Conheci Suely Rolnik em Bogotá em 2009, em uma espécie de deslumbramento mútuo propiciado pela atmosfera lúdica do Encontro de Performance e Política realizado na Universidad Nacional, e que tomou de assalto as praças e ruas centrais dessa cidade. Pouco depois, li seu trabalho com Félix Guattari, *Micropolítica: cartografias do desejo* (2006 [2011]). O formato do livro — uma bricolagem da mais *ch'ixi* —, suas táticas expositivas e suas reflexões se mostraram próximas e também me surpreenderam. Essa obra descreve a estrutura rizomática, multidialógica, simultaneamente interna e externa, de diversos sujeitos individuais e coletivos do Brasil, que vivem entre a autonomia e a resistência-negociação com as macroestruturas do estado, da nação e da fronteira. Assim, trata-se de uma mistura de entrevistas, testemunhos e recriações de Rolnik sobre as palavras de Guattari, que pode ser lida de maneira tradicional ou ao contrário. Nessas reflexões pontuais, microssociológicas, justapostas como em uma colcha de retalhos, encontramos a marca da micropolítica subjetiva em localidades concretas, em espaços discretos, mas também ramificados e com múltiplos pontos de fuga em direção a exterioridades diversas. Como não encontrar ali uma evocação de meu próprio fazer, uma imagem que me interpela e me confirma ao mesmo tempo? Graças a esse encontro com Suely, intelectualmente carregado, pude então abrir o caminho para a leitura dos originais franceses baseando-me na "etnicidade tática" da minha própria localização no espaço *circunlacustre* andino e de minha própria temporalidade autônoma: de pensamento e de obra. Relato, então, alguns episódios da história dessa práxis.

MICROPOLÍTICA E MEMÓRIA COLETIVA

Desde o início dos anos 1980, o trabalho que empreendemos com o Taller de Historia Oral Andina teve como "contexto de descobrimento" (Mills, 2009 [1982]) a insurgência katarista e indianista que havia sido gestada nas décadas anteriores. A história oficial havia apagado, subsumido e obliterado índios e *mestizos cholos*. Além disso, havíamos sido incorporados no discurso e na retórica de uma cidadania colonizada. A urgência de reconstruir a história aimará do início do século XX começou nos arquivos do governo departamental e nos permitiu descobrir a existência de uma vasta rede de comunidades originárias (*ayllus*), organizadas em *markas*, que abarcou cerca de quatrocentos povoados e que se comportava em ocasiões como uma "nação dentro da nação" (Taller de Historia Oral Andina, 1984; Rivera Cusicanqui, 2003). Desde o início, destacavam-se o caráter itinerante de seus líderes e a multiplicidade de seus vínculos e aproximações com o mundo *cholo* e letrado das cidades. Isso nos orientou em direção ao movimento de artesãos urbanos, no qual descobrimos as organizações anarquistas e seus modos simultaneamente comunitários e universalistas (*ch'ixis*) de conceber direitos e rememorar suas lutas. O "desenterramento" e a volta à vida dessas duas histórias sobrepostas foram uma ação micropolítica, uma empreitada de alcance modesto (fazíamos nossas publicações em mimeógrafo), mas puderam incitar a emergência de novas subjetividades, de novas epistemes e concepções do mundo. Já nos anos 1990, o Taller de Historia Oral Andina desembocaria na macropolítica e no enraizamento identitário, contrário ao caráter aberto e experimental da primeira época, que havia sido impulsionado mais pelos desejos e crenças partilhadas que pelos programas políticos. Depois de experiências frutíferas com a radionovela *Santos Marka T'ula*, a rede de rádios comunitárias Arealp e inúmeras práticas performativas nas comunidades, o Taller de Historia Oral Andina se aventurou — sob inspiração da Oxfam América — a apoiar a formação de uma macro-organização indígena, o Conamaq, que, com suas luzes e sombras, continua sendo um ator de peso na arena política de hoje. Esse salto ao macro, à esfera molar do estado-nação e ao logocentrismo, foi o fim da micropolítica no Taller de Historia Oral Andina, ainda que algumas de suas pesquisas recentes estejam retomando o fio por meio da recuperação da memória alimentar (Taller de Historia Oral Andina, 2013; Chambilla Mamani, 2014). De minha parte, levei a busca pela micropolítica a outros espaços e outros interlocutores, ainda muito mais "micro" que o mundo comunitário andino com o qual trabalhava o Taller de Historia Oral Andina.

Mas não eram somente os participantes do Taller de Historia Oral Andina que faziam micropolítica ao pesquisar e devolver o conhecimento às comunidades, em performances de diversos tipos. Nos anos 1920, faziam micropolítica os caciques *apoderados*, que eram a porção mais visível e documentada de uma vasta rede de comunidades autônomas, rurais e urbanas, que empreendeu uma luta incansável — jurídica e insurrecional — contra a usurpação de terras propiciada pelas reformas liberais a partir da década de 1880 (Taller de Historia Oral Andina, 1984; Mamani Condori, 1991; Choque *et al.*, 1992). Essas organizações e comunidades de base incorporavam em suas práticas noções de território e pertencimento, de conflito e convivência, que expressavam uma autopoiese comunal por meio de rituais de diálogo com as diversas espécies e entidades que habitam a paisagem. A micropolítica desses núcleos comunitários, entrelaçados entre si e com a sociedade dominante por conexões múltiplas, era uma prática cotidiana, ancorada nos corpos e atualizada de maneira cíclica no ritual, ou ocasionalmente na mobilização aberta. Ela se constituiu então como memória coletiva, reatualizada pela liderança katarista dos anos 1980 e reelaborada por nós — entre outros grupos — nos arquivos e nas práticas coletivas que construíamos com as pessoas mais idosas das comunidades e associações urbanas, cruzando brechas geracionais, culturais e de classe.

Parecia-nos, então, que a memória coletiva só poderia incidir nas lutas do presente no contexto local de comunidades relativamente pequenas, articuladas entre si em redes de vasta diversidade. A memória parecia mais profunda quanto mais circunscrito e compartilhado fosse o espaço de realização da vida em comum. Em contrapartida, a memória curta do presente imediato era mais superficial, menos densa. Sua ancoragem em experiências cidadãs paradoxais, em grandes conglomerados anônimos e nos contextos do discurso oficial e midiático, a fazia mais incorporável aos roteiros abstratos da identidade ou da classe. Isso contesta a argumentação de Deleuze e Guattari em *Mil platôs*, que concebe a memória longa como uma consciência ossificada e totalizante, incapaz de se tornar revolução. É certo que é na densidade polimorfa do presente que surge a possibilidade de uma memória do passado passível de ser reinterpretada e reatualizada. Mas também é certo que as memórias mais antigas foram sucessivamente recodificadas nos horizontes e conjunturas de reforma estatal que antecederam a repressão preventiva, como mostrei em meu trabalho sobre mito, história e trauma colonial (Rivera Cusicanqui, 2015a). Ambos os processos, a codificação e a recodificação, se justapõem, transformando as derrotas em vitórias, ou em advertências cautelosas sobre como proceder. As "lições da história" são simultaneamente exegeses e invenções, gestadas nos debates comunais, em reuniões clandestinas nas cidades, mas que também são transmitidas, nos longos períodos de refluxo, por meio de relatos orais e mitos, de aforismos e atos performativos. Acima de tudo, expressam-se na prática ritual e cerimonial, com a qual as comunidades atravessam um abismo polarizado de divergentes noções de direito, de propriedade e de representação, afastando o inimigo por meio de uma via de mão dupla e voltando suas armas contra eles mesmos.

Outro exemplo desses processos foi a transformação, durante a revolução de 1952, da memória dos chamados *corralitos* paraguaios durante a Guerra do Chaco (1932-1935). Por meio dessa tática, as tropas *pilas*[1] infligiram duros golpes aos soldados bolivianos, causando a morte de centenas e capturando outros tantos como prisioneiros. Duas décadas mais tarde, no contexto das lutas insurgentes de 1949 e 1952, os *corralitos* se converteram em uma tática operária de resistência pelo encurralamento e dispersão das tropas do exército. Muitos dos líderes espontâneos que surgiram nos três dias de insurreição popular de 1952 (9 a 11 de abril) haviam sido combatentes da guerra e não tinham medo de enfrentar a morte. Por meio da tática dos *corralitos*, conseguiram transformar a derrota do Chaco na vitória contra a oligarquia, principal responsável pela condução desastrosa do conflito e da cruel repressão às multitudes urbanas que, em La Paz e Oruro, se levantaram para combatê-la (Murillo Aliaga, 2012).

Em ambas as conjunturas, a recriação-reinvenção apaga e, ao mesmo tempo, incorpora plenamente as marcas do passado. Em simultâneo, mescla desejos e crenças comuns com gestos e atos performativos (Tarde, 2011), que permitem vislumbrar uma emancipação futura, sobre a base de ações corporais e recursos simbólicos adquiridos na luta. Os longos períodos de derrota e refluxo incubam, assim, restos não assimilados da memória, que se decodificam em uma práxis reflexiva e também material, reatualizando o passado enquanto abrem o caminho ao novo. Aqui acertam Deleuze e Guattari, pois é a imaginação que desperta a potência da memória curta, aquela que vai construindo os significados dos fatos de mãos dadas com os fatos em si.

1 Tropas paraguaias que combatiam descalças, por isso eram chamadas de *patas pilas*. [N.T.]

MICROPOLÍTICA E POLÍTICA

Podemos dizer que a insurgência popular dos anos 2000 a 2005 foi também uma constelação de atos micropolíticos. Como demonstrou Pablo Mamani Ramírez (2005) em seu livro sobre os microgovernos de bairro em El Alto, as multidões insurgentes que se levantaram nessa cidade nas jornadas de bloqueios de fevereiro a abril e de setembro a outubro de 2000, e na chamada "guerra do gás" em El Alto (setembro a outubro de 2003), se organizaram à margem de qualquer liderança unificada e constituíram uma espécie de confluência rizomática e molecular de ações autônomas, as quais, no entanto, seguiam um impulso e um *éthos* articulado. Os mecanismos rotativos, os turnos na liderança e nas vigílias e bloqueios foram se sucedendo em um ritmo complexo e coordenado, tanto em resposta às ações repressivas quanto por meio de ofensivas coletivas de grande magnitude, como a derrubada de vários vagões de trem sobre a via expressa na entrada de El Alto, da qual participaram milhares de pessoas: uma cena que parecia extraída da história de Gulliver. A multidão em ação era formada por milhares de microcomunidades autogovernadas, cujas relações face a face eram cotidianas. Foram capazes de uma coordenação extraordinária graças à participação de mulheres e jovens, que eram o tecido moral e sustento material das ações. A paralisação total de atividades, o esvaziamento de mercados, a negativa das associações de comerciantes e feirantes em abastecer a *hoyada*[2] de La Paz ocorrem precisamente no momento em que a sociedade dominante toma

2 La Paz é conhecida como *hoyada* por se espalhar em um vale com formato côncavo, que se observa das beiradas do Altiplano circundante. [N.T.]

mais distância da sociedade aimará de El Alto e das ladeiras de La Paz. Em outubro, entramos no que é conhecido como *awtipacha*: tempo de fome e escassez, de suportar a aridez da atmosfera e a falta de chuvas, momento do ciclo anual em que as pessoas ajustam seus cintos e se retraem a uma fase de não consumo, recorrendo às reservas de *chuño*, grãos, carne-seca, que lhes permitem assegurar uma sobrevivência austera até a próxima colheita.

Foi nesse tempo-espaço que os fatos da natureza deixaram de assumir um caráter inevitável, pois o levante lhes outorgou uma nova materialidade. A participação coletiva começou com o rechaço taxativo das reformas fiscais que pretendiam incorporar milhares de trabalhadores por conta própria ao universo de contribuintes, enquanto os grandes sonegadores, entre eles as companhias petroleiras, faziam negócios lucrativos com recursos legais e extralegais. A raiva se converteu em indignação vociferante quando, para abastecer La Paz de gasolina, os tanques e metralhadoras deixaram um rastro de morte. A fome e a caminhada passaram a ser então estratégias de luta, micropolíticas de rebeldia, formas de manifestar a vontade insubornável de abrir um espaço público à dignidade e à justiça. É nessa dimensão ética da multidão que o papel das mulheres foi absolutamente crucial. Ao organizarem minuciosamente a raiva cotidiana, ao converterem em assunto público o tema privado do consumo, ao fazerem de suas artes de fofoca um jogo de boatos "desestabilizadores" da estratégia repressiva, ao organizarem circuitos de escambo e cozinhas comunitárias para as pessoas mobilizadas em cada bairro e ponto de bloqueio, elas conseguiram derrotar moralmente o exército, dando não somente a sustentação física como também o tecido ético e cultural que permitiu que todos nós nos mantivéssemos fervorosamente ativos, uma vez derrubado o muro doméstico e transformadas as ruas em espaço de socialização coletiva.

Mas o que ocorreu com essa microrrevolução do senso comum quando chegou a trégua e foi obtida a "sucessão constitucional" demandada pelas organizações de base, pelas associações de bairro, pelas pessoas que marchavam e que estavam em greve de fome? Se, durante o levante, eram mulheres e jovens que majoritariamente sustentavam a ética do levante e lhe outorgavam um sentido de dignidade e soberania coletivas, no momento de repensar a democracia e projetar as lições dessas jornadas no futuro, é notável a ausência desses protagonistas nas centrais sindicais ou nas antessalas do parlamento. Se, no momento da revolta, a multidão consegue interpelar o país inteiro em torno do tema do gás, articulando a ele outros problemas centrais como a desigualdade, a corrupção e a opacidade no manejo da coisa pública, no momento de discutir política, de novo são ouvidas somente vozes masculinas, ilustradas, como se só elas pudessem se ocupar das coisas sérias ou dos momentos construtivos. Chamamos isso de macropolítica, a esfera molar que nos opõe.

Está claro que a indignação coletiva, o pranto e os vilipêndios foram a face mais visível da consciência coletiva, mas são indissociáveis do processo de reflexão, argumentação e discussão política vivido nas estradas, ruas, praças e igrejas, que logo se transformaram em uma rede de assembleias abertas em sessão permanente. Foi ali que o ódio ao Chile, inculcado por décadas de escola pública e quartel, se transformou em acusação a um sistema de saqueio sistemático pelas corporações de rapina que alimentam o desperdício dos países ricos. Foi ali que o gringo Goni (o presidente Gonzalo Sánchez de Lozada) e "Zorro" (Carlos) Sánchez Berzaín (ministro da Defesa) foram identificados como expressão de um sistema colonial e de casta, que utiliza as palavras — como disse Octavio Paz — não para designar os objetos, mas para encobri-los. Um sistema que chama de "livre mercado" a troca desigual; de "pacificação" o massacre; de "equidade" a lei do mais forte; e de "justiça" a impunidade dos poderosos. A fenda entre as palavras e as coisas continuou se expandindo nos anos do governo do MAS.

Finalmente, gostaria de mencionar que, ainda que haja alguns processos de recolonização importantes a partir do *logos*, estes são mais difíceis de implantar como memórias do corpo. Macropolítica e micropolítica se entrecruzam e se bloqueiam mutuamente, em um pêndulo que vai de uma a outra, neutralizando a insurgência e tratando de impor a férrea política do estado, a identidade única da nação e a linguagem da lei. A micropolítica é um escapar permanente dos mecanismos da política. É constituir espaços por fora do estado e neles manter um modo de vida alternativo, em ação, sem projeções teleológicas nem aspirações de "mudança de estruturas". Nesse sentido, não é outra coisa senão uma política de subsistência. Mas também um exercício permanente e sobreposto de abrir brechas, fraturar as esferas totalizadoras do capital e do estado. Uma reprodução ampliada, do micro ao macro, que não traia a autonomia molecular dessas redes de espaços, mas que possa afetar e transformar estruturas mais amplas, sem desaparecer em sua lógica, é ainda uma possibilidade não verificada e, portanto, um risco.

Jiwasa, o individual--coletivo: entrevista a Francisco Pazzarelli[1]

[FRANCISCO PAZZARELLI] Você poderia nos introduzir à sua análise do *ch'ixi*, explicando a partir de quais elementos começou a pensá-lo, e nos ajudar a rastrear a genealogia dessas ideias?

[SILVIA RIVERA CUSICANQUI] O interesse pelo *ch'ixi* está relacionado com o que seria a ideologia oficial do *mestizaje*, que postula uma confluência harmônica dos dois polos — o espanhol e o índio —, o que permitiria essa fusão imaginária: a raça cósmica (no caso do México) ou, ao contrário, a raça vencida e degenerada de Arguedas ou Moreno, que reuniria o pior. Nessa operação maniqueísta, a natureza da mistura é ignorada; tacitamente, se assume uma dominante branca. O processo ou a evolução dessa mescla sempre se dá na direção do branqueamento. As elites não podem imaginar nem tolerar o processo inverso, ou talvez ele seja ainda mais menosprezado, porque seria uma espécie de regressão voluntária.

1 Córdoba, Argentina, 16 set. 2016.

O segundo efeito disso é que ambas as versões pretendem apagar a marca da contradição que deu origem ao desejo de identificação com um terceiro. Essa memória é apagada. É uma dominação que apaga seu próprio rastro. Isso foi o "conciliador" da política oficial do *mestizaje*, que, além de tudo, é uma política do esquecimento, baseada no esquecimento da contradição. O fato é que há formas, digamos, de desdobramento, porque finalmente há um dualismo intrínseco à relação colonial, que faz com que o *mestizo* acabe sendo, como dizem no Chile, *mestizo al derecho* ou *mestizo al revés*, o chileno e o *roto*.[2] Na Bolívia, é *mestizo vs. cholo*. Mas, em vez de se ver o *cholo* ou a *chola* como um destino possível dessa categoria — que, em vez de se aproximar do branco, deseja ou quer ser mais "índio" —, tal opção não é valorizada. É vista como um processo truncado de branqueamento. O *cholo* não conseguiu ser *mestizo*, não pode se branquear porque "o índio sobressaiu", porque "seu sangue lhe traiu", ou seus hábitos, ou a cor, ou suas promiscuidades. Ou seja, em ambos os casos, dá-se um processo de branqueamento: exitoso, no caso *mestizo*, e frustrado no caso *cholo*. Então o *cholo* nunca é visto como opção, como possibilidade afirmativa. É por isso que, apesar

2 O *mestizo al derecho* é aquele que segue a trajetória mais comum e esperada, ou seja, do embranquecimento e da ascensão social; por isso é considerado como o chileno exemplar. Por outro lado, *mestizo al revés* é o que, em vez de buscar se embranquecer, se aproxima do mundo popular ou indígena. Nas cidades, esse mundo é o do trabalho e da pobreza. Nesse contexto, a figura emblemática do *roto*, com suas roupas furadas e costuradas, é um personagem muito conhecido da cultura popular chilena, popularizado pelos quadrinhos de Condorito, um trabalhador urbano muito engenhoso que zomba do estigma depreciativo do termo. [N.E.]

de *mestizo* e *cholo* abrirem a possibilidade de um *mestizaje* que não seja branqueamento, na experiência *chola* concreta há um desejo não cumprido de branqueamento, em vez de uma identificação afirmativa.[3] Muitas vezes, refletiu-se sobre a conversão do "estigma" em "emblema" (Goffman). Se alguém o ofendeu porque você é negro, você afirma que o negro é lindo. Uma liderança feminina aimará das rebeliões do início do século passado disse: "Se nos oprimiram como índios, como índios nos libertaremos". Mas ninguém, ou quase ninguém, disse "Eu sou *cholo*";[4] não se vê o *cholo* como um espaço de afirmação, de alteridade, como seria se disséssemos "Somos tanto modernos quanto ancestrais, somos urbanos, *urbandinos*.[5] Somos *cholos*!".

Ainda que, por exemplo, René Zavaleta analise a revolução de 1952 como uma "revolução do *cholaje*", como a instauração de uma nova forma de ser boliviano que não é aquela da pretendida branquitude oligárquica, ninguém prestou atenção a esse conceito de *cholo*. E Zavaleta mostra que tem muito de *ch'ixchi* (o equivalente quéchua de *ch'ixi*), porque intercala em seus textos conceitos em quéchua que não mereceram uma leitura de parte de seus exegetas. Creio

3 Isso não ocorria, por outro lado, com as *cholas* e os *cholos* anarquistas da Federación Obrera Local (FOL) e da Federación Agraria Departamental (FAD) nos anos 1920, nem com muitas pragmáticas da *choledad* que ocorrem hoje. Ver, a esse respeito, Crespo (2015) e Lehm Ardaya e Rivera Cusicanqui (2013).

4 Uma exceção notável é a postura afirmativa e jocosamente crítica de José Gutiérrez (2010) em "Ese cholo soy yo: reflexiones sobre la identidad de una mosca"

5 A palavra *urbandino* foi cunhada por William Camacho para se referir à face indígena das cidades bolivianas, como a autora explica em *Sociología de la imagen* (Rivera Cusicanqui, 2015b). [N.T.]

que sua potência teórica, sobretudo em sua fase marxista, eclipsou seus outros esforços conceituais, mais próximos a um pensamento descolonizador, que aparecem já esboçados em sua obra póstuma sobre o nacional e o popular na Bolívia. Luis Tapia vislumbra algo disso em sua tese de doutorado sobre Zavaleta, destacando o protagonismo que este atribui ao mundo índio na história da Bolívia.

É curioso como Zavaleta foi branqueado. Minha proposta é de que é preciso reler criticamente sua obra tardia com base no *akapacha* da crise atual; voltar à história que ele interpreta, mas a partir de outras lógicas e com outras alegorias, para encontrar veias descolonizadoras que superem o horizonte integracionista e progressista do *abigarramiento* e produzam tanto uma prática quanto uma teoria, ou seja, uma episteme *ch'ixi* como *mestizaje* descolonizado.

Para as novas correntes do indianismo-katarismo, o inimigo é o *mestizo*. Em todo caso, poderiam vê-lo como o "inimigo interior", mas nem isso. Recusar-se ao debate com e sobre o *mestizaje* e o *cholaje*, porém, é uma cegueira. Eu disse aos indianistas: seria um suicídio coletivo se decidissem fazer política e negassem a possibilidade de descolonização do *mestizaje*, da mesma forma que se negassem a possibilidade da libertação feminina. Descolonizar o *mestizaje*, em primeiro lugar, é tirá-lo do destino de conformismo que o subjuga como um setor de vocação estatal, masculina e centrista. Ou seja, a centralidade estatal como anseio *mestizo*; a pátria *mestiza* seria a pátria do Estado centralizado, forte, com maiúscula. Para mim, essa é a versão colonizada do *mestizaje*, que não reconhece sua própria marca índia e nega seu próprio nome. E é precisamente isso que fazem os indianistas-kataristas ao reivindicar a pertinência de uma nação-estado aimará.

No outro polo do espectro ideológico, o epítome de uma construção hegemônica do *mestizaje* como pressuposto estatal é o do *mestizaje* de Cochabamba. É notável a identificação do *mestizo* com o estado, explícita no caso de Carlos Montenegro e Augusto Céspedes e implícita e sobreposta em Álvaro García Linera. Todos o encarnam como uma forma universal de cidadania e negam a marca colonial que constitui o ser *mestizo*. Em seu livro *La identidad boliviana: nación, mestizaje y plurinacionalidad*, García Linera apaga a própria noção de *mestizaje*, despacha-a sem contemplações, tão somente para revesti-la e travesti-la como identidade boliviana. Não cabe dúvidas: a *intelligentsia* do *cholaje* cochabambino se especializou em temperar e ornamentar a suposta "identidade boliviana" com algumas pinceladas de cores, para capitalizar a mais-valia simbólica da indianidade a favor do seu projeto capitalista e *q'ara*.[6]

Na última compilação do pensamento crítico boliviano que fiz com Vicky Ayllón (Rivera Cusicanqui & Ayllón Soria, 2015), propusemos uma análise do cochabambino como metáfora da centralidade estatal. Revelamos as pulsões da centralidade do patriarcado *qhochala* [de Cochabamba] e vimos como por meio delas se articula, ou se pretende articular, a totalidade social boliviana em um projeto concebido a partir de um fragmento muito pequeno dessa sociedade: eles mesmos. Assim como seus predecessores oligárquicos, essa elite *mestiza* é reduto de um *mestizaje* colonial. Isso faz com que sejam negadas outras formas e que seja produzida

6 Não à toa, o ***patujú*** é o símbolo favorito do vice-presidente García Linera, autor do mencionado livro, cuja distribuição gratuita foi seguramente financiada com o dinheiro do gás. Ver Rivera Cusicanqui (2015a).

uma espécie de eclipse sobre a *choledad* enquanto filho de *mestizo* que poderia ter algo a dizer a respeito da descolonização. Ou seja, descolonizar o *cholo* é desligá-lo de todas as tendências de subsumi-lo nos modos de consumo pós-modernos "pluri-multis"; que deixe de ser espetáculo, um índio só para aparecer nas festas folclóricas; que deixe de ser expropriado de sua mais-valia simbólica, quando a roupa da *chola* se converte em emblema do étnico na Bolívia; quando o chapéu italiano termina na sala do turista japonês representando a indianidade boliviana. Aliás, poucos italianos saberão que o chapéu da *chola* se encontra em qualquer esquina da Itália conhecido pelo nome de Borsalino. Todos esses paradoxos fazem com que as chamadas "tradições indígenas" se convertam em ornamentos estatais e folclóricos, bloqueando, assim, o jogo e o processo das identificações étnicas e seu potencial descolonizador.

No livro *Principio Potosí reverso*, tentei compreender, em conjunto com meu grupo (hoje Colectiva Ch'ixi), as práticas *abigarradas* populares das festas dos santos padroeiros. Para isso, partimos dos conceitos aimará que escutávamos, mas buscando ir além de seus usos pragmáticos. Daí convertermos alguns deles em conceitos-metáfora (Spivak), no esforço de restituir seus níveis abstratos e hermenêuticos, seus níveis teóricos. Fazíamos de tal maneira que pudéssemos imaginar outros modos de pensar, tendo como base a polissemia de cada conceito, porque o aimará é uma língua que permite isso, sobretudo por ser aglutinante e aproveitar as diferentes lógicas combinatórias de seus sufixos. Dessa forma, buscamos pensar com base nos fiapos que ficam no idioma, resultantes de seus usos múltiplos. Isso poderia nos permitir caminhar ao lado de seus níveis pragmáticos. Um desses conceitos, por exemplo, o *ch'ixi*, é o que Víctor Zapana, um escultor aimará nascido em Copacabana, relaciona com os animais poderosos. São *ch'ixis* porque são simultaneamente negros e brancos, ou têm um colorido manchado. Isso é o que torna indeterminada a sua condição, o que os brinda com força explosiva. Porque, por exemplo, a serpente é de cima e de baixo, é masculina e feminina, é chuva, mas também é veio de metal, simbolizada como raio que vem do alto, mas também como força subterrânea. Toda essa dimensão metafórica complexa explica por que os rebeldes andinos escolheram se chamar *kataris* e *amarus* (serpente em aimará e quéchua, respectivamente). E explica por que o emblema, o objeto, que melhor traduz a condição torcida e dual do *katari* é a *q'urawa*, a funda andina utilizada eficazmente nas mobilizações e nos bloqueios de estradas de 2000 a 2005.

[FP] A funda geralmente também é "manchada" quando tecida.

[SRC] Exato. Além disso, é tecida com lã fiada ao contrário, que é uma forma de reversão, é *ch'iqa ch'anka*, e isso é o que reverte o mal. [Silvia observa minha pulseira *lluq'i* branca e negra, que me deram em Jujuy para sobreviver aos males de agosto, e então continua falando das manchas no tecido.] A lã ou fio *ch'iqa ch'anka* é torcida ao contrário, e isso permite combater o dano: nas palavras de Don Víctor, a imagem da serpente "serve para nos defender da maldade do inimigo". Há uma força material efetiva, que na *q'urawa* se duplica ou se suplementa com a imagem da serpente. Mas, além disso, há muitos outros animais *ch'ixi*: *jamp'atu* ou sapo, *jararanku* ou lagarto, *kusi-kusi* ou aranha, um inventário de animais poderosos, animais misteriosos que, digamos, nos permitem transitar entre opostos. Tudo isso para mim tem uma potência teórica impressionante.

[FP] É que permitem um trânsito entre mundos.

[SRC] Sim, mas não como mediação, tampouco como conciliação de opostos. Não é síntese nem hibridação, muito menos fusão. Esses opostos se mantêm, e, para mim, a atitude descolonizadora consistiria — no caso da episteme norte-atlântica — em resgatá-los dos invólucros capitalistas, consumistas e alienantes aos quais a história do capital os condenou: o liberalismo, o multiculturalismo estatal e do Banco Mundial, o reformismo etc. Trata-se de despojá-los e despi-los para descobrir, em sua pureza e em sua força, uma energia de descolonização que permita sacudir as estruturas do que foi herdado. Trata-se de um gesto que, por exemplo, nos leva a reconhecer o que temos de Europa, algo que possamos acolher. Poderíamos enumerar muitas coisas, começando pelo castelhano (como língua materna ou adquirida), mas penso que é a ideia de liberdade individual a que melhor pode iluminar essa episteme que eu chamo de "norte-atlântica", porque, sem dúvida, surge no calor das lutas anarquistas, das lutas das diásporas de emigrados, das lutas do mundo do trabalho. A ideia dos direitos das mulheres, a ideia de igualdade... Eu diria que são ideias relacionadas à "equivalência", mais que à igualdade. Não se trata de homogeneização, mas de equivalência, seria como dizer "sua forma de conhecer é equivalente à minha"; ainda que sejam muito distintas em sua episteme, em seus conceitos etc., são equivalentes. São igualmente necessárias. Talvez pudéssemos aprofundar essa episteme recorrendo à noção de *homo faber*, ao mundo tecnológico, essa mente analítica que busca sempre desarmar o que existe para entendê-lo. Claro que essa mentalidade pode ser destruidora se for exacerbada, se for convertida na única forma de se relacionar com o mundo dos "objetos". É o que ocorre com a ciência hegemônica, que pode ser absolutamente devastadora. Mas as crianças nos mostram essa pulsão analítica em seu estado primordial, quando desmontam um brinquedo para saber como ele funciona, expressando um desejo de conhecimento. Talvez essa ideia não seja localizável em uma episteme específica, mas acredito, sobretudo, que nos permite pensar a reconexão da mão com o cérebro, a requalificação do fazer, acima de outros gestos.

[FP] Há aí uma relação complexa que você sempre menciona entre o "trabalho" e o "fazer", ou o "trabalho" e a "atividade", e daí a cunha anarquista que serve para pensar, não?

[SRC] Sem dúvida. E, além disso, creio que há aí certas variantes anarquistas do "não trabalho", que são como o equivalente do "não trabalho infantil", com as quais eu não concordo, porque são elitistas de maneira geral. Melhor dizer não à exploração, seja infantil, seja masculina, seja feminina, seja adulta. A exploração é o que vai mal. Mas o trabalho...

[FP] O trabalho como atividade, como fazer...

[SRC] Que a atividade, o fazer, sejam depreciados em favor do ócio, isso já parece bíblico! Porque, então, o trabalho seria um castigo? Não. A ideia é recolocar o trabalho na festa, na convivência, no gozo, no ritual. Isso aparece um pouco no vídeo:[7] mestre Gabriel diz: "Não, não é possível

7 Vídeo da autoconstrução de seu *tambo* em La Paz, espaço construído materialmente pelo grupo Colectiva Ch'ixi para abrigar cursos e

trabalhar na construção todo dia. Também é preciso conversar, *akhullikar*, semear”. Ele reivindica a pluralidade de atividades, não esse trabalho tedioso que consiste em ajustar “um parafuso, um parafuso, um parafuso” (como se mostra em *Tempos Modernos* [1936], de Chaplin), mas a possibilidade de conceber e fazer com as próprias mãos a forma final de seus produtos. Obviamente, trata-se de algo mais próximo da manufatura que da indústria. Pensar em todas as formas de trabalho, aí reside a questão do *homo faber*. E, claro, aí está a atitude de suspeita generalizada, de não tomar nada como dado… Pensar em todas as formas de trabalho, qualificá-las, não desdenhá-las em bloco. É como desmontar algo para saber qual é sua magia, para que não nos hipnotize. Porque, se não fizermos isso, terminamos no sonambulismo do consumo e daquilo que está dado, em que a liberdade individual é a liberdade de escolher entre Adidas e Calvin Klein: a aparente liberdade do mercado. Tudo é reduzido a níveis tão prosaicos que, claro, já não é liberdade, é a prisão do consumo, o vício normalizado, percebe? E qualquer desobediência tem seu preço. Então o que propomos é recuperar esse aspecto da episteme eurocentrada. Porque, no momento de conviver com as duas… Aí está a piada! Aí está o fenômeno emancipador!

Vejamos agora algo da episteme índia: em primeiro lugar estaria o *diálogo com* e o *reconhecimento de* sujeitos não humanos. Isso é absolutamente central. Quando vou ao mercado e peço um desconto à senhora que vende batata,

---

oficinas livres. Ver Colectiva Chi’ixi, disponível em: www.colectivachixi.blogspot.com e “El Tambo Colectivo según el maestro” [vídeo], 9 dez. 2013, disponível em: https://www.youtube.com/watch?v=IiFDxO7_XIY.

não digo "Me dá um desconto"; digo "Ai, essas batatas estão me olhando!", digo "Estão me olhando assim", e isso quer dizer que ela só poderá vendê-las a mim, e então, evidentemente, é a batata que lhe está dizendo: "Pois sim, quero ir para esta bolsa". Essa relação é bem cotidiana e tem formas muito fortes, muito... densas, digamos, de reconhecer a agência do não humano, como quando uma *yatiri* dialoga com o espírito das montanhas... E isso também tem a ver com o fato de os mortos viverem, outro elemento fundamental da episteme indígena. Os mortos vivem, voltam de seu mundo ao nosso mundo, nos protegem e nos castigam, não são seres inertes e esquecíveis. Por último, há o elemento mais importante, que é a comunidade, a comunalidade, a tendência a criar comunidade, nem sempre herdada, nem sempre incorporada no marco do que está dado.

[FP] Pensar em comunidades de afinidade.

[SRC] Essa ideia de comunidade de afinidade é vital para mim e se relaciona com a raiz anarquista. Mas, além disso, se trata de afinidades, digamos, não políticas, propriamente, mas afinidades de ação. Se dissemos que "descolonizar é fazer", em nosso coletivo temos essa atitude de "não, não falaremos de descolonização, mas faremos o possível para nos aproximar dessa prática". Isso também tem a ver com algo que une ambas as dimensões do trabalho, acredito eu, a união entre o trabalho manual e o trabalho intelectual. Isso é fácil de dizer, mas não é tão fácil de fazer. E leva você a questionar muitas coisas. Por exemplo, como viverão os que tanto falam do viver bem? Esse tipo de indagação sobre as (de)formações culturais, essa cisão entre as palavras e os atos, são para mim uma característica primordial e fundante da sociedade colonial, pois separa aqueles que vivem do trabalho alheio dos que vivemos do nosso próprio esforço.

Mas aí aparece o tecido *ch'ixi* entre as duas epistemes: como assumir cotidianamente a contradição entre comunidade e pessoa individual? Como assumir o particular-universal, o *jiwasa*, o "nós" como quarta pessoa do singular? O problema não é como superar essa contradição, mas sim como conviver com ela, como habitá-la. Para mim, isso se faz possível por meio da alegoria: por uma poiesis autoconsciente capaz de criar condições de pleno respeito à pessoa individual, sem, por isso, minar ou reduzir a força do comum. É esse tipo de comunidade ou de "comunalidade" que propomos para alimentar novas formas de organização, novas linguagens da politicidade. Uma comunidade em que o trabalho não se dê com maiorias ou minorias, em que a margem de manobra seja maior para o indivíduo, de qualquer gênero, para desenvolver o que cada um pode como potência, mas também em termos de escolha, inclusive estética. Isso é uma meta descolonizadora bem prática. Incorporar as vozes normalmente dissidentes de mulheres e crianças, por exemplo, a essa voz comunitária. Não as subalternizar. E fazer do silêncio e do trabalho simplesmente calado um modo de comunicação. Incorporar elementos do idioma (aimará), como o *amuki*, por exemplo, que são os momentos de silêncio no ritual, no trabalho, em muitos espaços e tempos. Porque o silêncio é o que permite a você respirar. E respirar é parte desse nexo com o *chuyma*, com o coração e os pulmões, que são o lugar no qual se pensa de um modo comunitário e memorioso. Então, é papel do passado no presente falar um idioma indígena, fazer comunidade, dialogar com os mortos, reconhecer sujeitos não humanos... Poderíamos dizer que essa é uma enumeração mínima das características de uma episteme índia. Acredito firmemente que esses gestos básicos de sociabilidade são comuns a diversas populações índias em Abya Yala, e talvez no planeta. Também temos o fato de que há diversos tipos de sujeitos (no idioma) e, ao mesmo tempo, não há propriamente sujeitos plenamente constituídos: nem seres, nem entidades fixas, mas sim devires na relação de tudo com tudo. Há uma série de elementos que estou desenvolvendo, mas aviso que optei por pensar mais a fundo a episteme índia por uma razão: porque já temos a outra incorporada, ainda que, como senso comum, fosse preciso desmantelá-la. Tenho uma curiosidade maior em explorar a episteme índia para pô-la na balança de igual para igual e para que se choquem melhor, para que produzam mais faíscas ao se chocar. Acredito que, primeiro, essas faíscas energizam e, segundo, transformam a fronteira de uma linha em um tecido. A grande metáfora para mim é a *wak'a*. A *wak'a* é tanto o nome genérico dos lugares sagrados e poderosos da paisagem andina quanto o cinto ou a faixa que homens e mulheres usam no trabalho e nos rituais. É o que une o de baixo com o de cima, e o que entretece os opostos. É, para mim, uma alegoria que permite conviver entre diferentes, mantendo a radicalidade da diferença. Isso seria o *ch'ixi*. Ou seja, *ch'ixi* não é a comodidade com a qual você recebe e tolera as aporias, as contradições flagrantes que se vive; não é isso. O desconforto e o questionamento, sobretudo, são o que permite eliminar tudo que é supérfluo, os resíduos que estão obstruindo esse choque e essa energia quase elétrica, reverberante, o que permite conviver e habitar com a contradição, fazer dela uma espécie de visão radiográfica que possibilita descobrir as estruturas subjacentes à superfície. Isso para mim seria recuperar aqueles outros modos de saber, para que convivam em meio às suas tensões, sem que o destino seja ter de ganhar sempre do outro. São exemplos talvez para repensar a relação do indivíduo com a comunidade, para superar os dualismos: como pensar uma espiritualidade materialista ou como conectar a filosofia com a comida.

[FP] O que sempre me pareceu interessante em suas colocações é que você não está necessariamente tratando de explicar o *ch'ixi*. No máximo busca observá-lo, explicitá-lo. Mas a intenção sempre presente é a de se conectar com isso e fazer disso um método para continuar conhecendo, ou um método para lutar, para o que seja.

[SRC] Exato. Trata-se, digamos, de "extrapolar" as ideias básicas do *ch'ixi*, mas para pensar a sua própria realidade, para explorar as contradições que você observa, as mais pertinentes à sua realidade; trata-se de extrapolar um "método", não de "citar" um conceito. *Ch'ixi* é um devir. Trata-se de nos libertarmos da esquizofrenia coletiva; por que temos sempre de estar nas disjuntivas de um ou do outro, ou somos pura modernidade, ou pura tradição? Talvez sejamos as duas coisas... Mas as duas coisas não fundidas, porque essa fusão privilegia somente um lado. Por isso é que o *cholo* não termina sendo uma indianidade *ch'ixi*, a menos que se assuma como tal, que se assuma como proposta. Para mim, a coisa está aí, teríamos de aprofundá-la.

[FP] E sobre a conexão, então, entre lutas que são minoritárias, digamos, mas que justamente se conectam entre si; quais são os exemplos que você recupera para pensar isso?

[SRC] Bem, as feiras clandestinas e as solidariedades que ocorrem, por exemplo, quando marchamos, no Tipnis, todos os grupos anarquistas, *ch'ixis*, o que seja... Nós nos unimos em uma grande caravana na qual havia de tudo e de todos os lugares, de Sucre, de Cochabamba, de La Paz. Tínhamos um grande cartaz, que me encantou, que dizia "somos a etnia Macana"[8] [risos]. E *macana* é o porrete, *macana* é a menstruação, e *macanear* é encher o saco... Então, de algum modo, era a nossa grande piada, que nos unia a todos, "somos os Macana". Não somos Tacana,[9] mas somos Macana, foi isso que fizeram os coletivos de Cochabamba. E todos vivemos em uma felicidade total, porque sabíamos que ia durar pouco, mas o vivemos como uma celebração da força coletiva.

[FP] Mas também é necessário reivindicar o efêmero.

[SRC] Sim, sem dúvida, sem dúvida! O transitório e o efêmero sempre deixam algo quando são vividos em plenitude. Não haveria forma de resistir ao que estamos vivendo se não fosse pela memória do Tipnis, a memória de outubro, a memória dos esforços que foram feitos em todas as últimas lutas. Essas são sementes que nos dão energia, que nos permitiram um momento para vislumbrar outra coisa e para vivê-la. Não se trata de vislumbrá-las para logo se pôr a vivê-las, mas somente o fato de vivê-las. Isso nos deu outra relação com a floresta, outra relação com as árvores,

8 Como gíria, a palavra *macana* é muito utilizada para se referir a situações incômodas ou coisas erradas. Ela também se refere, como pontua a autora, a uma arma indígena com cabo de madeira, que pode ter o formato de porrete ou de machado. [N.T.]

9 Povo indígena amazônico da Bolívia. [N.T.]

outras relações com o Brasil. Então o *ch'ixi* não tem um nível de abstração suficiente para ser considerado um conceito, porque é sempre como um chamado a superar a primeira disjuntiva colonial, que é a de fazer das palavras um véu. O primeiro gesto colonial, quando o espanhol se encontra com o índio, é fazer da palavra uma coisa enganosa. Dizer "sim, eu como ouro".[10] Para mim, isso é uma grande metáfora. E o conceito-metáfora, a ideia de associar o conceito com a metáfora, é uma ideia de Spivak e pode ser usada para sua interpretação do *double bind* (Bateson), que relacionei, com a ajuda da polissemia do aimará, à condição *pä chuyma*. E ainda que eu não fale bem o aimará, tenho, a meu lado, além dos dicionários que são uma maravilha, as pessoas falantes de aimará com as quais interajo, que me dão muitos caminhos para encontrar fios. Penso que isso pode ser feito com muitos idiomas; o guarani, por exemplo, é muito lindo. E ainda que seja distante, o alemão também é distante. Agora, os filhos dos *qamiris* aimará estão aprendendo mandarim para fazer negócios... Todo mundo se preparando para um novo round da globalização. E não nos pusemos a pensar que aquilo que é nosso está ficando no sótão das velharias; é muito complicado isso. Tudo bem criticar, tudo muito bem fazer uso de conceitos úteis para poder se defender, mas é hora de nos conectarmos com outras opções. As opções não precisam ser tão espetaculares, nem quero dizer que eu sou muito revolucionária ou alternativa de nada, mas sim que, em cada lugar onde estejamos, é preciso buscar aumentar o espaço da autonomia

10 Se refere à figura do encontro do Inca Huayna Capac e do espanhol Pedro Candia, feita por Waman Poma de Ayala na sua carta manuscrita ao rei da Espanha. [N.E.]

e da liberdade. De cada lugar, inclusive da prisão, porque ninguém pode governar nosso pensamento nem a moral íntima de nossos atos.

[FP] E você vai continuar trabalhando com esses temas? Vinculados com a sociologia da imagem?

[SRC] É que a sociologia da imagem é um projeto pela metade, em andamento. Por mais que esteja cristalizado em um livro, é uma série de fragmentos e tem, sobretudo, uma dimensão pedagógica, oral e performativa. A seção "Em busca de uma episteme própria" do livro é como uma busca que tem a ver com a memória, com os sangues que nos habitam, com os entornos e com as paisagens. O outro elemento é nos traduzirmos, ou seja, incorporarmo-nos e dialogarmos com o nosso entorno de montanhas, montes, lagos etc.; comprometermo-nos com esses seres que estão aí, cada um em seu entorno; gozar também dos triunfos que ocorrem por todos os lados. Se deram trabalho à Monsanto em Córdoba ou se os Sioux frearam um oleoduto,[11] tudo isso são também triunfos nossos. Trata-se de um nós multiplicado, entende?

11 Referência às lutas no continente americano em defesa de terras indígenas invadidas por empresas transnacionais. [N.E.]

Glossário

Este glossário apresenta as palavras em aimará e quéchua cuja primeira ocorrência neste livro foi sublinhada. Na maioria dos casos, trata-se de palavras em aimará, escritas no alfabeto único vigente. Palavras em quéchua estão indicadas com "(Q)", e os neologismos e castelhanizações foram identificados com "(N)".

As fontes utilizadas para consulta estão indicadas no fim de cada definição e correspondem a:

- FLP: Félix Layme Pairumani, *Diccionario aymara-castellano* (2004);
- PPR: Silvia Rivera Cusicanqui & El Colectivo, *Principio Potosí reverso* (2010);
- TLA: Teófilo Layme Ajacopa, *Diccionario quechua-castellano* (2007).

Quando não há indicação de fonte, as definições são de minha própria autoria.

Os alfabetos aimará e quéchua reconhecem como distintas algumas letras que são escritas da mesma forma em castelhano (por exemplo, *k* é distinto de *kh* e de *k'*). Por isso, a ordem alfabética deste glossário as inclui como três consoantes distintas (também é o caso das letras *ch*, *p*, *k* e *t*).

achachilas: bisavó, tataravó, antepassado (FLP). Utiliza-se para se referir às montanhas sagradas, deidades tutelares de uma região.

achorado: qualificativo utilizado no Peru para se referir a uma subcultura urbana caracterizada pela vivacidade, pelo rebuscado e pela astúcia.

akapacha: Este mundo (FLP). Este tempo/espaço. Tempo/espaço do aqui-agora.

akhulliku, akhullikar (N): castelhanização de *akhulliña*. Não é "mascar" a coca (triturá-la), mas sim manter as folhas inteiras entre os dentes e os tecidos da bochecha, para absorver seu sumo em combinação com a *llujt'a*, substância alcalina preparada com cinza vegetal (FLP).

amuyt'aña, amuyt'awi: pensar, formar conceitos, idealizar, imaginar (FLP). Com o sufixo *wi*, denota pensamento reflexivo, pensamento em comum.

anchanchu: espectro, visão quimérica, fantasma (FLP).

awayu: peça têxtil usada para carregar crianças, alimentos ou outros. (Em castelhano, *aguayo*.)

awtipacha: tempo de escassez e seca, quando faltam alimentos.

ayni: reciprocidade entre duas famílias, seja em produtos ou serviços equivalentes, mas não necessariamente iguais; a devolução pode ocorrer em momento futuro.

camba: termo que era utilizado para se referir a pessoas camponesas e indígenas do leste boliviano. Atualmente, foi apropriado pelas elites de Santa Cruz como uma autodenominação regional.

chakana: cruz do sul. É baseada na raiz *chaka*, ponte ou dique de contenção de águas (FLP).

chuyma: órgãos superiores, incluindo o coração, os pulmões e o fígado. Costuma ser traduzido como pulmão, coração. FLP lista numerosos usos metafóricos deste conceito.

ch'alla: o dia do ritual ou da cerimônia, usualmente terça-feira de Carnaval (FLP). Utiliza-se também para designar o ato de verter álcool e coca na terra ou nos objetos a serem consagrados.

ch'ampa guerra: vocábulo utilizado de modo depreciativo para se referir a pequenos e persistentes conflitos internos entre facções de uma mesma comunidade ou entre comunidades vizinhas, nos últimos anos do governo do MNR; *ch'ampha* = monte de terra com pasto enraizado.

ch'iqa ch'ankha: fios torcidos ao contrário, que são utilizados para diferentes rituais ou ações de significado sagrado; *ch'iqa* = esquerda, *ch'ankha* = fio, fio de lã fiado (FLP).

ch'iqchi (Q): cinza salpicado de pequenas manchas.

ch'ixi: cinza com pequenas manchas de branco e preto que se misturam (FLP).

ch'ixchi: coisa ou pele com pequenas manchas (FLP).

ch'ujlla: cabana, choupana temporária feita para proteger plantações (FLP).

ch'uñu: gélido; fécula de batata (FLP). Batata desidratada por efeito de exposição recorrente ao sol intenso e às geadas de inverno (junho-julho).

ch'uspa: bolsa pequena para folhas de coca (FLP).

chhixiña: queimar superficialmente; secar pela geada ou pelo calor das plantas tenras; correr um líquido (FLP).

illa: amuleto para trazer abundância (FLP). Pequenos objetos (pedras ou miniaturas artesanais) utilizados para invocar a materialização dos objetos reais que representam.

irnaqaña: operar uma coisa redonda com a palma da mão; em sentido figurado, trabalhar (FLP).

iwxaña: recomendar, aconselhar; refletir sobre alguém (FLP); *iwxa* = aforismo emitido nas cerimônias de *iwxaña*.

jap'iy ñuñu (Q): ser sobrenatural feminino que aprisiona suas vítimas com suas longas tetas; *jap'iy* = agarrar, segurar fortemente, pegar; *ñuñu* = teta, seio (TLA).

jiwasa: pronome pessoal, tu e eu, nós (FLP). Quarta pessoa do singular que implica o nós como pessoa singular enunciativa.

kipu: contabilidade em nós (FLP). Sistema mnemotécnico e de registro usado pelas pessoas antigas dos Andes, vinculado à arte têxtil e aos significados abstratos de nós e cores. Os rastros de seu uso revelam que não somente eram registros numéricos como também inscrições propiciatórias de natureza ritual, que permitiam ordenar o cosmos ao enumerar as oferendas às *wak'as* ou lugares sagrados de culto aos antepassados (PPR).

kirkinchu: tatu (FLP).

k'usillu: literalmente, macaco; no sentido figurado, personagem fantasiado e com máscara que toca o tambor e brinca com o público nas festas (FLP).

llamayuña: o ato de desenterrar (na colheita) a batata e outros tubérculos.

lluq'i (Q): esquerda, esquerdo.

luraña, lurawi: como verbo (sufixo *ña*) = fazer, operar, executar; efetuar, consumar; realizar, elaborar; construir (FLP). Como substantivo (sufixo *wi*) = a obra, o feito.

mallku: autoridade de uma ou duas parcialidades de *ayllus* aimará; no sentido figurado, condor (FLP).

mama qucha (Q): mar, oceano.

mama q'uta: mar, oceano.

nayra: olho, órgão da visão; antes, anterior (FLP).

nayracha: moeda que se põe na ponta do *tari* ritual, para realizar a *quqa uñjaña* ou leitura de coca.

nayrapacha: outrora, tempo antigo (FLP). Refere-se a um passado remoto; tempo/espaço anterior.

ñust'a (Q): mulher que, por sua excelência, sobressai entre as demais de sua classe; rainha; dama, soberana; princesa (TLA).

pacha: espaço-tempo; ciclo; época (FLP).

pachakuti: regresso do tempo, mudança do tempo; revolução; ciclo (FLP). *Pacha* = tempo-espaço; *kuti* = regresso, volta. Comoção/reversão do cosmos.

pachamama: mãe natureza; cosmos que nos rodeia (FLP).

pachatata: pai natureza; aspecto masculino do cosmos.

pä chuyma: pessoa indecisa, que fica em dúvida entre duas ações ou imperativos divergentes; *pä*, apócope de *paya* = dois; *chuyma* = órgãos superiores. *Pä chuymäña*: duvidar (FLP).

pasanaku (N): tem origem na castelhanização de *pasaña*, passar (FLP). Sistema de crédito rotatório por sorteio, usual nos grêmios de comerciantes, associações ou grupos de afinidade.

pasante (N): pessoa ou casal que patrocina ou "passa" uma festa; alferes.

patujú: *Heliconia rostrata*, flor tropical da floresta e dos sopés de montanha amazônicos, adotada como símbolo pelo estado plurinacional da Bolívia.

pirwa: celeiro; armazém ou depósito onde se guarda a colheita (usualmente de grãos).

pongo (N): tem origem na palavra *punku* = porta. Denota pessoa que realizava serviços laborais gratuitos nas casas de fazenda. *Pongueaje*: sistema de exploração laboral indígena nas fazendas antes da reforma agrária.

preste, presterío (N): *pasante*, pessoa ou casal que patrocina e cobre os custos de uma festa local; coloquialmente, chama-se essa festividade de *presterío*.

puraka: estômago, barriga (FLP).

phaxsimama: mãe lua.

qamiri: alguém poderoso e rico.

qullqa: depósito (FLP).

quqa: árvore; planta perene (FLP). No sentido figurado, planta da coca.

quqa uñjaña: ato de olhar ou perguntar às folhas de coca; *quqa* = folha de coca; *uñjaña* = ver, ter visto (FLP).

Qhapaq Ñan (Q): Caminho real (TLA). Grande sistema de caminhos da época dos Inca, utilizado em tempos coloniais para facilitar o transporte mercantil.

qhatera (N): mulher vendedora em um *qhatu* ou feira.

qhatu, qhathu: feira; mercado anual, mensal ou semanal com exposição de diversos produtos (FLP).

qhipha: detrás, depois, último; *qhiphäxa* = às costas de; na parte posterior (FLP).

qhipnayra (N): futuro-passado; expressão usada no Taller de Historia Oral Andina para indicar um modo circular e reversível do tempo-espaço.

q'ara: sem vegetação; pelado. No sentido figurado, nome que se dá aos *criollos* e *mestizos* (FLP).

q'ipi: carga ou volume, que em geral é levado amarrado nas costas.

q'urawa: funda; em geral, é tecida com lã de camelídeo.

sarnaqaña: passear, caminhar, perambular (FLP).

sarnaqawi: costume; conjunto de qualidades ou usos que formam o caráter distintivo de um povo ou pessoa (FLP). No sentido figurado, vida, trajetória (história).

sataña: semear.

sataqallta: começo do plantio (cerimonial).

sayaña: parcelas de terra pertencentes a uma unidade familiar. Significa, literalmente, o lugar onde uma pessoa pode "ficar de pé", erguer-se socialmente e exercer sua autonomia como pessoa humana em relação com sua comunidade.

tari: peça do vestuário tecida de lã de cores naturais utilizada para guardar frios ou para guardar e manusear a folha de coca (FLP).

taypi: centro, meio. Como adjetivo: central. Relativo ao centro (FLP).

urtimala (N): do castelhano, *urdemales*, enganador; personagem de alguns contos aimará (FLP).

uywiri: tutor; pessoa encargada de cuidar ou educar (FLP). No sentido figurado, montanhas ou lugares sagrados, protetores.

wak'a: faixa, tira de tecido que rodeia o corpo pela cintura, cinto. Deidade do lugar, que mora nas pedras antropomorfas ou de formas peculiares. Cada uma pode ajudar e proteger as pessoas quando se pratica a reciprocidade com elas (FLP).

wawa: bebê; criança pequena.

wayra: vento; redemoinho de vento; ventania que sopra com força (FLP).

yatiri: aquele ou aquela que costuma saber; pessoa com poderes, graças à energia do raio, que sabe do espaço-tempo por meio da coca e costuma dar oferendas e ritos às deidades.

Referências

ALBÓ, Xavier & BARNADAS, Josep M. *La cara campesina de nuestra historia*. La Paz: Unitas, 1984.

ALMARAZ PAZ, Sergio. *Réquiem para una república*. La Paz: Universidad Mayor de San Andrés, 1969.

ARCE, Silvia; BARRAGÁN, Rossana; ESCOBARI, Laura & MEDINACELI, Ximena (org.). *Etnicidad, economía y simbolismo en los Andes: II Congreso Internacional de Etnohistoria*. Coroico/La Paz: Hisbol/Ifea/SBH/Asur, 1992.

ARI CHACHAKI, Waskar. *Earth Politics: Religion, Decolonization and Bolivia's Indigenous Intellectuals*. Durham/Londres: Duke University Press, 2014.

ARNOLD, Denise Y. *Entre los muertos, los diablos y el desarrollo en los Andes*. La Paz: Iseat, 2008.

ARNOLD, Denise Y. & YAPITA, Juan de Dios. *Río de vellón, río de canto: cantar a los animales, una poética andina de la creación*. La Paz: Hisbol/Umsa/Ilca, 1998.

ARNOLD, Denise; YAPITA, Juan de Dios & ESPEJO, Elvira. *Hilos sueltos: los Andes desde el textil*. La Paz: Ilca/Plural, 2007.

BALANDIER, Georges. *Teoría de la descolonización: las dinámicas sociales*. Buenos Aires: Tiempo Contemporáneo, 1973.

BARRAGÁN, Rossana. "Entre polleras, lliqllas y ñañacas: los mestizos y la emergencia de la tercera república". *In*: ARCE, Silvia; BARRAGÁN, Rossana; ESCOBARI, Laura & MEDINACELI, Ximena (org.). *Etnicidad, economía y simbolismo en los Andes: II Congreso Internacional de Etnohistoria*. Coroico/La Paz: Hisbol/Ifea/SBH/Asur, 1992.

BARTHES, Roland. *El placer del texto*. Trad. Nicolás Rosa. Madri: Siglo XXI, 1993. [Ed. bras.: *O prazer do texto*. Trad. J. Guinsburg. São Paulo: Perspectiva, 2019.]

BARTHES, Roland. *Lo obvio y lo obtuso: imágenes, gestos, voces*. Trad. C. Fernández Medrano. Barcelona: Paidós, 1995 [1982]. [Ed. bras.: *O óbvio e o obtuso: ensaios críticos III*. Trad. Léa Novaes. Rio de Janeiro: Nova Fronteira, 1990.]

BATESON, Gregory. *Steps to an Ecology of Mind: Collected Essays in Anthropology, Psychiatry, Evolution and Epistemology*. Nova Jersey/Londres: Jason Aronson, 1987.

BAUD, Michiel; KOONINGS, Kees; OOSTINDIE, Gert; OUWENEEL, Arij & SILVIA, Patricia. *Etnicidad como estrategia en América Latina y el Caribe*. Quito: Abya-Yala, 1996.

BENJAMIN, Walter. *Illuminations*. Nova York: Schocken, 1969. [Ed. bras.: *Obras escolhidas*, v. 1, *Magia e técnica, arte e política: ensaios sobre literatura e história da cultura*. Trad. Sérgio Paulo Rouanet. 3. ed. São Paulo: Brasiliense, 1987.]

BENJAMIN, Walter. *The Arcades Project*. Trad. Howard Eiland e Kevin McLaughlin. Cambridge/Londres: Harvard University Press, 1999. [Ed. bras.: *Passagens*. Org. Willi Bolle e Olgária C. F. Matos, trad. Irene Aron e Cleonice P. B. Mourão. Belo Horizonte/São Paulo: Editora UFMG/Imprensa Oficial do Estado de São Paulo, 2009.]

BETANZOS, Juan de. *Suma y narración de los Incas*. Org. Marcos Jiménez de la Espada. Madri: Imprenta Manuel Hernández, 1880.

BLOCH, Ernst. "Efectos políticos del desarrollo desigual". *In*: LENK, Kurt (org.). *El concepto de ideología*. Buenos Aires: Amorrortu, 1971.

BLOCH, Ernst. *El principio esperanza*. Madri: Aguilar, 1977. [Ed. bras.: *O princípio esperança*, v. 1. Trad. Nélio Schneider. Rio de Janeiro: Contraponto, 2005.]

BOURDIEU, Pierre. *El sentido práctico*. Trad. Ariel Dilon. Buenos Aires: Siglo XXI, 2007. [Ed. bras.: *O senso prático*. Trad. Maria Ferreira. Petrópolis: Vozes, 2009.]

BOURDIEU, Pierre; PASSERON, Jean-Claude & CHAMBOREDON, Jean--Claude. *El oficio del sociólogo: presupuestos epistemológicos*. Trad. Fernando Hugo Azcurra e José Sazbón. Cidade do México: Siglo XXI, 2008. [Ed. bras.: *Ofício de sociólogo: metodologia da pesquisa na sociologia*. Trad. Guilherme João de Freitas Teixeira. 7. ed. Petrópolis: Vozes, 2010.]

CANEDO VÁSQUEZ, Gabriela. *La Loma Santa, una utopía cercada: territorio, cultura y Estado en la Amazonía boliviana*. La Paz: Ibis-Plural, 2011.

CERRÓN-PALOMINO, Rodolfo. *Quechumara: estructuras paralelas del quechua y el aimara*. Cochabamba/La Paz: UMSS/Plural/Proeib Andes, 2009.

CHAMBILLA MAMANI, Beatriz. *"Uno come lo que siembra en su chaco": relatos sobre conocimientos y experiencias alimentarias en las comunidades de Bella Brisa y San Miguel del Mátire (San Ignacio de Moxos, Beni)*. La Paz: THOA/Fundación Rosa Luxemburgo, 2014.

CHATTERJEE, Partha. "More on Modes of Power and the Peasantry". *In*: GUHA, Ranajit (org.). *Subaltern Studies*, v. 2, *Writings on South Asian History and Society*. Oxford: Oxford University Press, 1983.

CHOQUE, Roberto *et al*. *Educación indígena: ¿ciudadanía o colonización?* La Paz: Aruwiyiri, 1992.

CHURATA, Gamaliel. *El pez de oro: retablos del Laykhakuy*. La Paz: Canata, 1957.

COLECTIVO SIMBIOSIS & COLECTIVO SITUACIONES. *De chuequistas y overlockas: una discusión en torno a los talleres textiles*. Buenos Aires: Tinta Limón/Retazos, 2011.

COLECTIVO SITUACIONES. *Conversaciones en el impasse: dilemas políticos del presente*. Buenos Aires: Tinta Limón, 2009.

COSTA DU RELS, Adolfo. *Tierras hechizadas*. Buenos Aires: Domingo Viau, 1940.

COSTA DU RELS, Adolfo. *Félix Avelino Aramayo y su época (1846-1929)*. Buenos Aires: Domingo Viau, 1942.

CRESPO, Carlos (org.). *Anarquismo en Bolivia: ayer y hoy*. Cochabamba: Cesu, 2015.

CRUZ, Gustavo R. *Los senderos de Fausto Reinaga: filosofía de un pensamiento indio*. La Paz: Cides-Umsa/Plural, 2013.

CRUZ, Gustavo. "Poder indio y poder negro: recepciones del pensamiento negro en Fausto Reinaga", *Iconos*, n. 51, p. 29-46, jan.-fev. 2015.

DARLING, Victoria. "La amenaza somos nosotras", *El Colectivo* 2, n. 4, 2010.

DAS, Veena. "La subalternidad como perspectiva". *In*: RIVERA CUSICANQUI, Silvia & BARRAGÁN, Rossana (org.). *Debates postcoloniales: una introducción a los estudios de la subalternidad*. La Paz: Historias/Sephis/Aruwiyiri, 1997.

DELEUZE, Gilles & GUATTARI, Félix. *Mil mesetas: capitalismo y esquizofrenia*. Valência: Pre-Textos, 2002. [Ed. bras.: *Mil platôs*, v. 1, *Capitalismo e esquizofrenia*. Trad. Ana Lúcia de Oliveira, Aurélio Guerra Neto e Célia Pinto Costa. São Paulo: Editora 34, 2011.]

DERRIDA, Jacques. *Políticas de la amistad, seguido de El oído de Heidegger*. Madri: Trotta, 1998. [Ed. port.: *Políticas da amizade, seguido de O ouvido de Heidegger*. Porto: Campo das Letras, 2003.]

DE SOTO, Hernando. *El otro sendero: la revolución informal*. Lima: Instituto Libertad y Democracia, 1986.

ECHEVERRÍA, Bolívar. *La modernidad de lo barroco*. Cidade do México: Era, 2000.

ESCÓBAR, Filemón. *De la revolución al Pachakuti: el aprendizaje del respeto recíproco entre blancos e indianos*. La Paz: Garza Azul, 2008.

FANON, Frantz. *Los condenados de la tierra*. Cidade do México: Fondo de Cultura Económica, 1963. [Ed. bras.: *Os condenados da terra*. Trad. Ligia Fonseca Ferreira e Regina Salgado Campos. Rio de Janeiro: Zahar, 2022.]

FANON, Frantz. *Por la revolución africana*. Cidade do México: Fondo de Cultura Económica, 1965. [Ed. bras.: *Por uma revolução africana: textos políticos*. Trad. Carlos Alberto Medeiros. Rio de Janeiro: Zahar, 2021.]

FEDERICI, Silvia. *Calibán y la bruja: mujeres, cuerpos y acumulación originaria*. Buenos Aires: Tinta Limón, 2010. [Ed. bras.: *Calibã e a bruxa: mulheres, corpos e acumulação primitiva*. Trad. Coletivo Sycorax. 2. ed. São Paulo: Elefante, 2023.]

GAGO, Verónica. *La razón neoliberal: economías barrocas y pragmática popular*. Buenos Aires: Tinta Limón, 2014. [Ed. bras.: *A razão neoliberal: economias barrocas e pragmática popular*. Trad. Igor Peres. São Paulo: Elefante, 2018.]

GARCÍA CANCLINI, Néstor. *La globalización imaginada*. Buenos Aires: Paidós, 2012. [Ed. bras.: *A globalização imaginada*. Trad. Sérgio Molina. São Paulo: Iluminuras, 2007.]

GARCÍA LINERA, Álvaro. *La identidad boliviana: nación, mestizaje y plurinacionalidad*. La Paz: Vicepresidencia del Estado Plurinacional e Presidencia de la Asamblea Legislativa Plurinacional, 2014.

GOFFMAN, Erving. *Estigma: la identidad deteriorada*. Trad. Leonor Guinsberg. Buenos Aires: Amorrortu, 1998. [Ed. bras.: *Estigma: notas sobre a manipulação da identidade deteriorada*. Trad. Mathias Lambert. 4. ed. Rio de Janeiro: LTC, 2008.]

GÓMEZ-MULLER, Alfredo. *Anarquismo y anarcosindicalismo en América Latina: Colombia, Brasil, Argentina, México*. Medellín: La Carreta, 2009.

GÓMEZ-MULLER, Alfredo. *Nihilismo y capitalismo*. Bogotá: Desde Abajo, 2016.

GÓMEZ-MULLER, Alfredo. "Saber etnocentrista, saber situado, saber situacional". *In*: GÓMEZ OBANDO, Santiago; MOORE TORRES, Catherine & MÚNERA RUIZ, Leopoldo (org.). *Los saberes múltiples y las ciencias sociales y políticas*. Bogotá: Universidad Nacional de Colombia, 2018.

GONZÁLEZ CASANOVA, Pablo. *Sociología de la explotación*. Cidade do México: Siglo XXI, 1969.

GUERRERO ARIAS, Patricio. *Corazonar: una antropología comprometida con la vida — miradas otras desde Abya-Yala para la decolonización del poder, del saber y del ser*. Quito: Abya Yala/Universidad Politécnica Salesiana, 2010.

GUTIÉRREZ AGUILAR, Raquel. *Los ritmos del Pachakuti: movilización y levantamiento indígena-popular en Bolivia (2000-2005)*. Cidade do México: Bajo Tierra, 2009.

GUTIÉRREZ AGUILAR, Raquel. *Horizonte comunitario popular: antagonismo y producción de lo común en América Latina*. Puebla: Benemérita Universidad Autónoma de Puebla, 2015.

GUTIÉRREZ FLORES, José Augustín. "Ese cholo soy yo: reflexiones sobre la identidad de una mosca", *El Colectivo* 2, n. 3, p. 19-22, jan. 2010.

HALBWACHS, Maurice. *La memoria colectiva*. Trad. Inés Sancho Arroyo. Zaragoza: Prensas Universitarias de Zaragoza, 2004. [Ed. bras.: *A memória coletiva*. Trad. Beatriz Sidou. São Paulo: Centauro, 2006.]

HARRIS, Olivia. "*Phaxsima* y *qullqi*: los poderes y significados del dinero en el norte de Potosí". *In*: HARRIS, Olivia; LARSON, Brooke & TANDETER, Enrique (org.). *La participación indígena en los mercados surandinos: estrategias y reproducción social, siglos XVI a XX*. La Paz: Ceres, 1987.

HARRIS, Olivia. "The Mythological Figure of the Earth Mother". *In*: HARRIS, Olivia. *To Make the Earth Bear Fruit: Ethnographic Essays on Fertility, Work and Gender in Highland Bolivia*. Londres: Instituto de Estudios Latinoamericanos, 2000.

KYMLICKA, Will. *Ciudadanía multicultural*. Madri: Paidós, 1996.

LAYME PAIRUMANI, Félix. *Diccionario bilingüe aymara castellano*. 3. ed. El Alto: Consejo Educativo Aymara, 2004.

LEHM ARDAYA, Zulema. *De la Loma Santa a la Marcha Indígena por el Territorio y la Dignidad*. Santa Cruz/Beni: APCOB/Ciddebenni, 1992.

LEHM ARDAYA, Zulema & RIVERA CUSICANQUI, Silvia. *Lxs artesanxs libertarixs y la ética del trabajo*. Buenos Aires: Tinta Limón/Madreselva, 2013.

LEZAMA LIMA, José. *El reino de la imagen: antología de poesía y prosa*. Caracas: Biblioteca Ayacucho, 1981.

MAMANI CONDORI, Carlos B. *Taraqu 1866-1935: masacre, guerra y "renovación" en la biografía de Eduardo L. Nina Qhispi*. La Paz: Aruwiyiri, 1991.

MAMANI RAMÍREZ, Pablo. *Microgobiernos barriales: levantamiento de la ciudad de El Alto (octubre 2003)*. El Alto: Cades-Idis, 2005.

MAMANI RAMÍREZ, Pablo. "Elites enfermas en Bolivia: la miseria de los 'poderosos'", *Revista Willka*, n. 2, 2008.

MAMDANI, Mahmood. *Citizen and Subject: Contemporary Africa and the Legacy of Late Colonialism*. Princeton: Princeton University Press, 1996.

MARTÍNEZ LUNA, Jaime. *Textos sobre el camino andado*, tomo 1. Oaxaca: Colegio Superior para la Integración Intercultural de Oaxaca, 2013.

MARX, Karl. *El capital: crítica de la economía política*, libro I, *El proceso de producción del capital*. Trad. Wenceslao Roces. Cidade do México: Fondo de Cultura Económica, 1966. [Ed. bras.: *O capital: crítica da economia política*, livro I, *O processo de produção do capital*. Trad. Rubens Enderle. São Paulo: Boitempo, 2011.]

MAUSS, Marcel. "Ensayo sobre los dones". *In*: MAUSS, Marcel. *Sociología y antropología*. Trad. Teresa Rubio. Madri: Tecnos, 1979 [1936]. [Ed. bras.: *Sociologia e antropologia*. Trad. Paulo Neves. São Paulo: Ubu, 2017.]

MAZZOTTI, José Antonio & ZEVALLOS AGUILAR, Juan (org.). *Asedios a la heterogencidad cultural: libro de homenaje a Antonio Cornejo Polar*. Filadélfia: Asociación Internacional de Peruanistas, 1996.

MEDINACELI, Ximena. *Sariri: los llameros y la construcción de la sociedad colonial*. La Paz: Asdi/Ifea/Plural/IEB, 2010.

MENDOZA, Jaime. *El macizo boliviano*. La Paz: Arnó Hnos, 1972.

MILLÁN, Márgara. *Des-ordenando el género/¿des-centrando la nación? El zapatismo de las mujeres indígenas y sus consecuencias*. Cidade do México: Unam, 2015.

MILLS, C. Wright. *La imaginación sociológica*. Trad. Florentino M. Torner. Cidade do México: Fondo de Cultura Económica, 2009. [Ed.

bras.: *A imaginação sociológica*. Trad. Waltensir Dutra. 6. ed. Rio de Janeiro: Zahar, 1982.]

MURILLO ALIAGA, Mario. *La bala no mata sino el destino: una crónica de la insurrección popular de 1952 en Bolivia*. La Paz: Plural/Piedra Rota, 2012.

MURILLO ALIAGA, Mario; BAUTISTA DURÁN, Ruth & MONTELLANO LOREDO, Violeta. *Paisaje, memoria y nación encarnada: interacciones ch'ixis en la Isla del Sol*. La Paz: Programa de Investigación Estratégica en Bolivia, 2014.

MURRA, John V. "El control vertical de un máximo de pisos ecológicos en la economía de las sociedades andinas". *In*: MURRA, John V. *Formaciones económicas y políticas del mundo andino*. Lima: IEP, 1975.

NEGRI, Toni *et al*. *Pensando el mundo desde Bolivia: I Ciclo de Seminarios Internacionales*. La Paz: Vicepresidencia del Estado Plurinacional, 2010. Disponível em: https://www.vicepresidencia.gob.bo/IMG/pdf/pensando_elmundo.pdf.

PAZ, Octavio. *El laberinto de la soledad*. Cidade do México: Fondo de Cultura Económica, 2002. [Ed. bras.: *O labirinto da solidão*. Trad. Eliane Zagury. 4. ed. Rio de Janeiro: Paz e Terra, 2006.]

PEARSE, Andrew (org.). *The Latin American Peasant*. Londres: Frank Cass, 1975.

PIMENTEL, Nelson. *Amarrando colores: la producción del sentido en khipus aymaras*. Oruro: Cepa/Latinas Editores, 2004.

PLATT, Tristan. *Estado boliviano y ayllu andino: tierra y tributo en el norte de Potosí*. La Paz: Biblioteca Boliviana del Bicentenario, 2016.

PLATT, Tristan; BOUYSSE-CASSAGNE, Thérese & HARRIS, Olivia (org.). *Qaraqara-Charka: mallku, inka y rey en la provincia de Charcas (siglos XV-XVII), historia antropológica de una confederación aymara*. La Paz: IFEA/Universidad de Saint Andrews/Universidad de Londres/Fundación Cultural del BCB, 2006.

PLATT, Tristan & QUISBERT, Pablo. "Tras las huellas del silencio: Potosí, los Inkas y el virrey Toledo". *In*: CRUZ, Pablo & VACHER, Jean-Joinville (org.). *Mina y metalurgia en los Andes del Sur desde la época prehispánica hasta el siglo XVII*. Lima: Instituto Francés de Estudios Andinos, 2008, p. 231-77.

POLANYI, Karl. *La gran transformación: crítica del liberalismo económico*. Trad. Julia Varela e Fernando Álvarez-Uría. Madri: La Piqueta, 1989. [Ed. bras.: *A grande transformação: as origens políticas e econômicas de nossa época*. Trad. Vera Ribeiro. Rio de Janeiro: Contraponto, 2021.]

POMA DE AYALA, Felipe Guamán (Waman Puma). *Nueva corónica y buen gobierno*. Manuscrito, 1615. Fac-símile disponível em: https://poma.kb.dk/permalink/2006/poma/titlepage/en/text/?open=idm46287306382352.

PORTOCARRERO, Gonzalo. *Rostros criollos del mal: cultura y transgresión en la sociedad peruana*. Lima: Red para el Desarrollo de las Ciencias Sociales en el Perú, 2004.

PORTO-GONÇALVES, Carlos Walter. *Amazonía encrucijada civilizatoria: tensiones territoriales en curso*. Laz Paz: IPDRS, 2018.

PRATT, Mary Louise. *Ojos imperiales: literatura de viajes y transculturación*. Cidade do México: Fondo de Cultura Económica, 2010.

RADCLIFFE, Sarah & WESTWOOD, Sallie. *Rehaciendo la nación: lugar, identidad y política en América Latina*. Quito: Flacso, 1999.

RAMOS GAVILÁN, Alonso. *Historia de Nuestra Señora de Copacabana*. 2. ed. La Paz: Cámara Nacional de Comercio/Cámara Nacional de Industrias, 1976.

RANCIÈRE, Jacques. *El maestro ignorante: cinco lecciones sobre la emancipación intelectual*. Buenos Aires: Tierra del Sur, 2006. [Ed. bras.: *O mestre ignorante: cinco lições sobre a emancipação intelectual*. Trad. Lílian do Valle. Belo Horizonte: Autêntica, 2007.]

REINAGA, Fausto. "La intelligentsia del cholaje boliviano". *In*: REINAGA, Fausto. *Obras completas*, tomo 2, v. 4. La Paz: Convenio Andrés Bello/Facultad de Humanidades/Vicepresidencia de Bolivia/Instituto Internacional de Integración, 2014.

RIVERA CUSICANQUI, Silvia. *Política e ideología en el movimiento campesino colombiano: el caso de la Anuc*. Bogotá: Centro de Investigación y Educación Popular/United Nations Research Institute for Social Development, 1982.

RIVERA CUSICANQUI, Silvia. "El potencial epistemológico y teórico de la historia oral: de la lógica instrumental a la descolonización de la historia", *Temas Sociales*, n. 14, 1987.

RIVERA CUSICANQUI, Silvia. *Oprimidos pero no vencidos: luchas del campesinado aymara y qhechwa, 1900-1980*. La Paz: La Mirada Salvaje, 2003 [1984].

RIVERA CUSICANQUI, Silvia. "Una mercancía indígena y sus paradojas: la hoja de coca en tiempos de globalización", *Asuntos Indígenas*, n. 1-2, p. 56-69, 2007.

RIVERA CUSICANQUI, Silvia. *Qhateras y tinterillos: comercio y cultura letrada en la formación histórica de las élites bolivianas*. Dissertação de mestrado. Lima: Pontificia Universidad Católica del Perú, 2010 [1979].

RIVERA CUSICANQUI, Silvia. *Ch'ixinakax utxiwa: una reflexión sobre prácticas y pensamientos descolonizadores*. Buenos Aires: Tinta Limón, 2010a.

RIVERA CUSICANQUI, Silvia. "Pensando desde el Nayrapacha: una reflexión sobre los lenguajes simbólicos como práctica teórica", *Pensares y Quehaceres*, n. 9, mar. 2010b.

RIVERA CUSICANQUI, Silvia. *Violencias (re)encubiertas en Bolivia*. La Paz: La Mirada Salvaje, 2010c.

RIVERA CUSICANQUI, Silvia. "La identidad *ch'ixi* de un mestizo: en torno a un manifiesto anarquista de 1929". *In*: RIVERA CUSICANQUI, Silvia. *Memoria y presente de las luchas libertarias en Bolivia*. La Paz: Piedra Rota, 2011.

RIVERA CUSICANQUI, Silvia. "La pérdida del alma colectiva", *El Colectivo 2*, n. 5, 2012.

RIVERA CUSICANQUI, Silvia. *Mito y desarrollo en Bolivia: el giro colonial del gobierno del MAS*. La Paz: Plural/Piedra Rota, 2015a.

RIVERA CUSICANQUI, Silvia. *Sociología de la imagen: miradas ch'ixi desde la historia andina*. Buenos Aires: Tinta Limón, 2015b.

RIVERA CUSICANQUI, Silvia & AYLLÓN SORIA, Virginia. "Desde los márgenes: pensadorxs bolivianxs de la diáspora". *In*: RIVERA CUSICANQUI, Silvia & AYLLÓN SORIA, Virginia (org.). *Antologías del pensamiento social latinoamericano y caribeño*. Buenos Aires: Clacso, 2015. Disponível em: https://www.clacso.org.ar/antologias/detalle.php?id_libro=1028.

RIVERA CUSICANQUI, Silvia & EL COLECTIVO. *Principio Potosí reverso*. Madri: Museo Reina Sofía, 2010.

ROLNIK, Suely & GUATTARI, Félix. *Micropolítica: cartografías del deseo*. Trad. Florencia Gómez. Buenos Aires: Tinta Limón, 2006. [Ed. bras.: *Micropolítica: cartografias do desejo*. Petrópolis: Vozes, 2011.]

RUBIN, Isaak Illich. *Ensayos sobre la teoría marxista del valor*. Trad. Néstor Miguez. Córdoba: Pasado y Presente/Siglo XXI, 1974. [Ed. bras.: *Ensaios sobre a teoria marxista do valor*. Trad. José Bonifácio de S. Amaral Filho. São Paulo: Polis, 1987.]

SALAZAR LOHMAN, Huáscar. *"Se han adueñado del proceso de lucha": horizontes comunitarios en tensión y la reconstitución de la dominación en la Bolivia del MAS*. Cochabamba: Sociedad Comunitaria de Estudios Estratégicos, 2015.

SALLES-REESE, Verónica. *Historia de la representación de lo sagrado en el Lago Titicaca: de Viracocha a la Virgen de Copacabana*. Tese de doutorado. Baltimore: Johns Hopkins University Press, 1991.

SALOMON, Frank. "Ancestor Cults and Resistance to the State in Arequipa, ca. 1748-1787". *In*: STERN, Steve J. (org.). *Resistance, Rebellion and Consciousness in the Andean Peasant World, 18th to 20th Centuries*. Madison: University of Winsconsin Press, 1987, p. 148-65.

SALOMON, Frank. *The Cord Keepers: Khipus and Cultural Life in a Peruvian Village*. Durham: Duke University Press, 2004.

SCOTT, James C. *Weapons of the Weak: Everyday Forms of Peasant Resistance*. New Haven: Yale University Press, 1985.

SERENI, Emilio. *Capitalismo y mercado nacional*. Madri: Crítica, 1977.

SPIVAK, Gayatri Chakravorty. *La muerte de una disciplina*. Veracruz: Universidad Veracruzana/Conaculta, 2009.

SPIVAK, Gayatri Chakravorty. *An Aesthetic Education in the Era of Globalization*. Cambridge: Harvard University Press, 2013.

SVAMPA, Maristella. "Movimientos sociales, matrices sociopolíticas y nuevos escenarios en América Latina", *One World Perspectives*, working paper n. 1, Universität Kassel, 2010.

TALLER DE HISTORIA ORAL ANDINA (THOA). *El indio Santos Marka T'ula, cacique principal de los ayllus de Qallapa y apoderado general de las comunidades originarias de la república*. La Paz: THOA-UMSA, 1984.

TALLER DE HISTORIA ORAL ANDINA (THOA). *Los constructores de la ciudad: tradiciones de lucha y de trabajo del Sindicato Central de Constructores y Albañiles*. La Paz: THOA, 1986.

TALLER DE HISTORIA ORAL ANDINA (THOA). *Entre la lawa y el macarrón: memoria y dinámica alimentaria en la población de Caporaya, Cochabamba*. La Paz: THOA/Fundación Rosa Luxemburgo, 2013.

TAMAYO, Franz. *Creación de la pedagogía nacional*. Sucre: Archivo y Biblioteca Nacionales de Bolivia, 2003.

TANDETER, Enrique. "Hacia una teoría de la dominación colonial", *Avances*, n. 1, 1978.

TARDE, Gabriel. *Creencias, deseos, sociedades*. Buenos Aires: Cactus, 2011.

TEMPLE, Dominique. *Teoría de la reciprocidad*. Org. Javier Medina e Jacqueline Michaux. La Paz: Padep-GTZ, 2003.

THOMPSON, Edward P. "La economía moral de la multitud inglesa, siglo XVIII". *In*: THOMPSON, Edward P. *Costumbres en común*. Barcelona: Crítica, 1995 [1991]. [Ed. bras.: *Costumes em comum: estudos sobre a cultura popular tradicional*. Trad. Rosaura Eichenberg. São Paulo: Companhia das Letras, 1998.]

URBANO, Henrique. *Wiracocha y Ayar: héroes y funciones en las sociedades andinas*. Cuzco: Centro Bartolomé de las Casas, 1981.

VICH, Víctor & ZAVALA, Virginia. *Oralidad y poder: herramientas metodológicas*. Bogotá: Norma, 2004.

ZAVALETA MERCADO, René. "Movimiento obrero y ciencia social: la revolución democrática de 1952 en Bolivia y las tendencias sociológicas emergentes". *In*: ZAVALETA MERCADO, René. *Obra completa*, tomo II. La Paz: Plural, 2013a, p. 691-726.

ZAVALETA MERCADO, René. "Consideraciones generales sobre la historia de Bolivia". *In*: ZAVALETA MERCADO, René. *Obra completa*, tomo II. La Paz: Plural, 2013b, p. 35-96.

ZAVALETA MERCADO, René. "Cuatro conceptos de la democracia". *In*: ZAVALETA MERCADO, René. *Obra completa*, tomo II. La Paz: Plural, 2013c, p. 513-29.

ZAVALETA MERCADO, René. "Las masas en noviembre". *In*: ZAVALETA MERCADO, René. *Obra completa*, tomo II. La Paz: Plural, 2013d, p. 97-142.

ZAVALETA MERCADO, René. "Lo nacional-popular en Bolivia". *In*: ZAVALETA MERCADO, René. *Obra completa*, tomo II. La Paz: Plural, 2013e, p. 143-379.

SILVIA RIVERA CUSICANQUI nasceu em La Paz, em 1949. É militante, socióloga e historiadora de origem aimará, professora emérita da Universidad Mayor de San Andrés, em La Paz, Bolívia. Foi professora visitante nas universidades estadunidenses de Columbia e Austin, na Universidad de Jujuy (Argentina) e na Universidad Andina Simón Bolívar de Quito (Equador), onde é também professora emérita da cátedra de direitos humanos. Com outros intelectuais indígenas e *mestizos*, fundou o Taller de Historia Oral Andina, grupo autogerido que pesquisa temas de oralidade, identidade, movimentos sociais indígenas e populares, sobretudo na região aimará, e é cofundadora da Colectiva Ch'ixi. É autora, entre muitos títulos, de *Ch'ixinakax utxiwa: uma reflexão sobre práticas e discursos descolonizadores* (n-1, 2021), *Sociología de la imagen: miradas ch'ixi desde la historia andina* (Tinta Limón, 2015), *Mito y desarrollo en Bolivia: el giro colonial del gobierno del MAS* (Plural, 2015), *Principio Potosí reverso* (Museo Nacional Centro de Arte Reina Sofía, 2010) e *Oprimidos pero no vencidos: luchas del campesinado aymara y quechua en Bolivia (1900-1980)* (CSUTB, 1984).

Título original:
Un mundo ch'ixi es posible: ensayos desde un presente en crisis

Primeira edição, novembro de 2024
São Paulo, Brasil

Dados Internacionais de Catalogação na Publicação (CIP)
Angélica Ilacqua CRB-8/7057

Cusicanqui, Silvia Rivera
Um mundo ch'ixi é possível: ensaios de um presente em crise
/ Silvia Rivera Cusicanqui; tradução de Sue Iamamoto —
São Paulo: Elefante, 2024.
232 p.

ISBN 978-65-6008-059-1

Título original: Un mundo ch'ixi es posible: ensayos desde un presente en crise

1. Multiculturalismo - Bolívia 2. Descolonização - Bolívia
3. Bolívia - Civilização I. Título II. Iamamoto, Sue

24-3221 CDD 323.119708

Índices para catálogo sistemático:
1. Multiculturalismo - Bolívia

---

elefante

editoraelefante.com.br
contato@editoraelefante.com.br
fb.com/editoraelefante
@editoraelefante

Aline Tieme [comercial]
Beatriz Macruz [redes]
Samanta Marinho [financeiro]
Yana Parente [design]

tipografia Biennale & Andada Pro
papel Cartão 250 g/m² & Pólen natural 70 g/m²
impressão Margraf